Eckart Bücken

Hören, was der Tag erzählt

Stille und Meditation mit Kindern

Burckhardthaus-Laetare Verlag

■ Die Reihe „3–7" wird von Hajo Bücken herausgegeben. Sie ist gedacht für alle, die in der Kindererziehung tätig und mit den Problemen von Vorschulkindern konfrontiert sind in Kindergarten, Vorschule und Familie. Jährlich erscheinen zwei Bände.
Die Bände sind einzeln oder fortlaufend zu beziehen.
(Bei fortlaufendem Bezug sparen Sie ca. 15%)

2., unveränderte Auflage, 1996

Postanschrift: Schumannstr. 161, 63069 Offenbach/M.

Unbenannte Geschichten, Meditationen und Fantasiereisen sind Originaltexte des Autors.

Umschlaggestaltung: Peter Weber, Bremen
Illustrationen: Bettina Schütz, Dieburg
Herstellung: Joachim Emrich, Gelnhausen
Satz: Salzland Druck Staßfurt
Druck und Verarbeitung: RGG-Druck, Braunschweig

Die Deutsche Bibliothek – CIP-Einheitsaufnahme
Bücken, Eckart: Hören, was der Tag erzählt: Stille und Meditation mit Kindern / Eckart Bücken. – Offenbach/M.: Burckhardthaus-Laetare-Verl., 1995
(Spiel-Lern-Reihe 3–7)
ISBN 3-7664-9309-4

Inhalt

Sich auf Ruhe einlassen

Während manche Erziehende Schwierigkeiten damit haben, Kindern Stille geschweige denn Meditation zuzumuten bzw. zuzutrauen, finden Kinder selbst dazu durchaus problemlos Zugänge, besonders wenn statt Zwang oder Manipulation spielerische Annäherungen geschehen. Wer kennt das nicht, daß Kinder neben Tobereien und Lärmspielen von sich aus eine ruhige Ecke aufsuchen und sich mit Malen, dem Anschauen von Bilderbüchern oder anderen stillen Tätigkeiten beschäftigen. Wie gerne hören sie darüberhinaus Erzählungen und Geschichten zu, die ihnen vorgelesen werden. Nicht nur die Montessori-Pädagogik hat schon früh erkannt, wie wichtig Stille-Erfahrungen für Kinder sind, auch heute entdecken viele pädagogische Bewegungen dies neu im Zeitalter der übergroßen Lärmentwicklung und der Allgegenwart technischer Medien. Stille und Meditation werden gerade heute als Ruhe- und Besinnungspunkte immer notwendiger, ja (über-)lebensnotwendig.

Oft genug ist es dabei nicht das Problem der Kinder, sich auf ruhigere Phasen einzulassen, sondern es sind die Erwachsenen, die weniger Zugang und deshalb Schwierigkeiten haben, was sie „ihren" Kindern tatsächlich zutrauen können.

Wie in den meisten Lernsituationen reicht ja nicht ein Ausspruch wie etwa: „Jetzt seid schön still, wir wollen heute einmal meditieren." Fraglich ist schon, ob wir den Kindern gegenüber den Begriff Meditation verwenden. Richtiger ist es sicher, zum Einsteigen vorhandene Anlässe zu nutzen und nach und nach mit genügend Flexibilität Stille und Meditation zum festen Bestandteil eines Wochenplans zu machen.

Es gilt also, Erfahrungsräume im doppelten Sinn des Wortes zu schaffen, sowohl zeitlich als auch räumlich, um mit allen Sinnen Ruhe aufzunehmen.

Dabei sind wir Erwachsenen ebenso Lernende wie die Kinder, lernen gemeinsam immer wieder neu im Prozeß, lernen still zu werden und zu schweigen. Die Erfahrungen, die jeder für sich dabei macht, sind so etwas wie persönliches Eigentum und können weder verallgemeinert noch bewertet werden. Es sind Erfahrungen mit dem eigenen Selbst, die aber durchaus Auswirkungen auf den Umgang mit anderen haben können. Wer still ist, hört in sich selbst hinein. Wer schweigt, kann besser zuhören, auch auf das, was andere sagen, hört möglicherweise auch das, was bei einem anderen hinter den Worten steckt.

Sich auf Ruhe einlassen ist sicher nicht immer einfach. Störfaktoren wie äußere Einflüsse und Belästigungen sind möglichst auszuschließen. Es kommt sehr auf den Zeitpunkt an, der gewählt wird. Am besten ist es, die 30 oder 60 Minuten in der Woche auszuwählen, von denen man ungefähr weiß, daß da wenig Störungen zu erwarten sind.

Die Atmosphäre des Raumes spielt eine wesentliche Rolle für das persönliche Wohlbefinden und beeinflußt den Zugang zu eigenen Gedanken, Ideen und Bildern.

Wer aber mit Stille und Meditation zunehmend Erfahrungen macht, wird erleben, wie gut das ihm selbst, aber auch den Kindern tut, und wie es auch Auswirkungen auf andere Zeiten des Miteinanders haben kann.

Eckart Bücken

Teil 1

Es ist still in mir

Kindheit heute

Wir leben in einer Welt des Lärms und der Unruhe, der Hast und der Kurzlebigkeit. Dies trifft voll auf Städter zu, aber auch das Landleben ist längst nicht mehr vor solchen Einflüssen bewahrt geblieben. Hinzu kommen dank der technischen Explosion sehr viel schnellere Kommunikationswege und die vielen Einflüsse von Video, Computer und Television mit all den Möglichkeiten und Programmen.

Die Lautstärke steigt

Allein die Entwicklung der Lautstärke in den Großstädten ist beängstigend. Es heißt, daß sie jedes Jahr um 2 Dezibel ansteigt. Wenn derzeit schon in manch einer Stadt Werte von 80 Dezibel an der Tagesordnung sind (In einer Diskothek gehen die 120 dort vor den Boxen gemessenen Werte schon an die Schmerzgrenze), kann jeder sich ausrechnen, wie das im Jahr 2000 und später sein wird. Es ist schon alarmierend, wenn zu lesen ist, daß ein 18jähriger New Yorker genau so schlecht (oder so gut) hört wie ein 80jähriger Afrikaner.

Wenn heute also viele Kinder unter Konzentrationsschwächen oder Hörschäden leiden, so ist das mit eine Folge des Lärms. Beide Beeinträchtigungen haben direkte Auswirkung auf die Lernfähigkeit und -bereitschaft, weil sie das Wohlbefinden von Kindern erheblich beeinflußen und einschränken. Und die Spätfolgen sind nicht abzusehen.

Lärm macht aggressiv

Lärm macht letztlich aggressiv. Nicht nur in der Musiktherapie wird unterschieden zwischen einer Musik, die entspannt und beruhigt sowie solchen Musikstücken, die den Blutdruck erhöhen, die zu Verkrampfungen ja sogar bis zum Tod führen können. Es gab bei den alten Chinesen schon die tödliche Folter, daß über jemandes Kopf eine Glocke gestülpt wurde, die dann immer wieder angeschlagen wurde. Weil insgesamt das vegetative Nervensystem in Mitleidenschaft gezogen wird durch laute (überlaute) Einflüsse von außen, ist der ganze Mensch betroffen, und im besonderen Maße sind Kinder die schwächsten Glieder in diesem Zusammenhang, weil sie sich einerseits intensiv in ihrer eigenen Entwicklung befinden und weil sie sich andererseits noch viel schlechter vor dem Lärm schützen können als Erwachsene.

Es gibt noch weitere Faktoren

Neben dieser durch äußere Einflüsse verursachten „Ruhelosigkeit" sind weitere Faktoren zu nennen, die erhebliche Auswirkungen auf Kinder haben. Die Anzahl der Allergien hat in den letzten Jahren übermäßig zugenommen. Die Behandlungen sind langwierig, teilweise ohne Erfolg. Neben psychischen Ursachen sind vor allem in den ökologischen Veränderungen die Gründe zu finden, die einen Großteil der allergischen Reaktionen verursachen. Die Kinder von heute sind allem Anschein nach öfter krank und vor allem sehr viel anfälliger für alle Arten von Erregern als dies etwa vor zwanzig Jahren der Fall gewesen ist.

Still in mir
nur draußen
ist es laut

still in mir
und ich spüre mich
das bin ich

still in mir
ich wandere
durch meinen Körper

still in mir
ich spüre meine Füße
auf festem Boden

still in mir
gespreizte Beine
und ein satter Bauch

still in mir
der Brustkorb
hebt und senkt sich

still in mir
von den Armen
bis zu den Fingerspitzen

still in mir
mit erhobenem Kopf
und freien Gedanken

still in mir
die Fantasie läuft davon
ohne Begrenzung

still in mir
bis ich die Augen öffne:
Ich sehe den Tag

Die Familie ist bedroht

Nach jüngsten Umfragen überwiegt die Zahl der Lebensform Familie und hält sich gegenüber anderen Möglichkeiten des Zusammenlebens. Allerdings bedeutet das eheliche Zusammenleben nicht gleichzeitig, daß von Familie im Sinne von Kinderreichtum geredet werden kann. Die kabarettistische Aussage von der „Ein-Hund-Familie“ karikiert und charakterisiert gleichermaßen die gegenwärtige Situation. Die Familie mit vielen Kindern ist der Ausnahmefall im deutschen Alltag. Nur bei den unter uns lebenden Fremden aus dem europäischen und entfernteren Ausland ist Kinderreichtum noch an der Tagesordnung. Im bundesdeutschen Umfeld hat die Anzahl der Familien mit einem Kind sich beständig erhöht. Auch der Anteil der allein-

Familie bedeutet nicht Kinderreichtum

erziehenden Mütter oder Väter ist stetig gewachsen. Die „normale“ Familie scheint es immer seltener zu geben.

Die „normale Familie“ ist selten

Einzelkinder müssen nicht unbedingt gleich Problemkinder sein. Dennoch fehlt oft die Grunderfahrung des sozialen Umgangs miteinander, das Leben mit älteren oder jüngeren Geschwistern. Die dort erfahrene Nähe und Annahme sind ebenso hilfreich beim Aufwachsen wie Streitereien und Auseinandersetzungen. Fehlt in einer solchen Familie auch noch eines der beiden Elternteile, dann gibt es eine Fülle weiterer Probleme, die auf das Kind zukommen und ihm schaden können.

Obwohl heute allseits bekannt ist, wie sehr gerade die ersten Jahre der Kindheit das Leben prägen und oft den weiteren Weg eines Menschen positiv oder negativ beeinflussen, haben manche Eltern nicht genügendes Wissen oder die richtige Einstellung und brauchen fachkundige Beratung.

Obwohl es einerseits immer mehr Eltern gibt, die sich intensiv um ihre Kinder kümmern und sich selbst dabei weiterbilden, um ihnen die notwendige Sozialisation zu ermöglichen, gibt es andererseits auch dort negative Beispiele.

Selbst in solchen Familien, in denen Vater und Mutter vorhanden sind, haben Kinder in manchen Fällen sehr unter ihren Eltern zu leiden. Sei es, daß beide Elternteile arbeiten und sich zu wenig um ihren Nachwuchs kümmern, oder daß Alkohol, Drogen bis hin zu Gewaltanwendung und Mißbrauch im Spiel sind. Auch hier sind die Kinder die Leidtragenden und Betroffenen.

Kinder sind die Leidtragenden

Wenn heute feststellbar ist, daß neben dem Elternhaus immer mehr andere Instanzen wie Kindergarten und Schule zuständig für die Erziehung der Kinder sind und werden, so bleibt dabei die Frage, ob das denn tatsächlich leistbar ist. Sind nicht Kindergärtnerinnen jetzt schon voll ausgelastet, teilweise auch zu wenig ausgebildet, abgesehen von der schlechten Bezahlung? Zielt die Schulpädagogik nicht nach wie vor weit mehr auf Leistung und ist weniger im Bereich der Erziehung und Lebenshilfe angesiedelt? Wie soll das bewerkstelligt werden angesichts übergroßer Klassen und wenn prognostiziert wird, daß die Schülerzahlen in den nächsten Jahren um gut ein Zehntel steigen?

Manches ist besser geworden

Natürlich kann man sagen, daß im Gegensatz zur Kindheit in früheren Jahren Wesentliches verbessert worden ist. Insgesamt werden nicht so enge Grenzen gezogen, alles ist freizügiger, in der Regel prügeln Eltern nicht mehr. Andererseits fehlen Grenzen, klare Regeln und vor allem glaubwürdige Vorbilder. Die gesellschaftliche Situation von Kindern liegt trotz vieler guter Entwicklungen nach wie vor im Argen.

Erfahrungen von Stille

Die Schule der Stille

Niemand hat so überzeugend wie Maria Montessori ein Konzept der Stille in den Schulalltag eingebracht. Es wird erzählt, daß sie eines Tages einen Säugling in die Klasse mitbrachte. Beeindruckt von der Stille dieses kleinen Kindes wurden auch die Kinder ganz ruhig, hielten fast den Atem an und fühlten sich wohl in dieser Stille-Atmosphäre, die der Säugling mit in das Klassenzimmer gebracht hatte.

Maria Montessori ist es zu verdanken, daß in den meist sehr großen Klassen, in denen 1. bis 4. Schuljahr zusammengefaßt sind, Stille als ein übergeordnetes Prinzip Fuß fassen konnte, ohne daß sie als Zwang erlebt wurde oder „befohlen“ werden mußte. Bezogen auf die Kindergarten-, Schul- aber auch Familiensituation bedeutet das:

Nicht auferlegter Zwang, sondern die Bereitschaft der Kinder selbst zur Stille ist Ausgangspunkt. Kinder sind fähig zur Stille, brauchen und wünschen sie, ohne daß sie ihnen verordnet werden muß.

Stille hilft und stärkt

Stille kann durch gemeinsames Erproben und Entwickeln erweitert werden, hilft zur Konzentration, stärkt die Kinder und verbessert die Qualität des Lernens.

Maria Montessoris Erfahrung, daß sogar sehr kleine Kinder für Stille empfänglich sind, führt u.a. zu der inzwischen verbreiteten und zu empfehlenden Übung, Kinder aus einem Nachbarzimmer leise beim Namen

zu rufen. Jedes gerufene Kind kommt in absoluter Stille ins andere Zimmer, während die anderen gespannt und in absoluter Konzentration darauf warten, selbst gerufen zu werden.

Hubertus Halbfas hat sich diesen Ausgangspunkt zu eigen gemacht beim Entwickeln seiner Stille-Übungen in der von ihm herausgegebenen Schulbuchreihe. Bei ihm stehen innere Veränderung, Wachheit und Aufmerksamkeit in direkter Verbindung zu einem erneuerten Verhältnis zur Umgebung. Dieses Verständnis von Stille als Weg zur Mitte verzichtet auf Äußerlichkeiten, konzentriert sich in seinen Objekten – meist Naturmaterialien – und Übungen auf vertiefte Erfahrungen mit sich selbst und zielt auf die innere Veränderung.

Verzicht auf Äußerlichkeiten

Halbfas knüpft dabei an viele traditionelle Formen des Schweigens und der Versenkung an, wie sie in sehr vielen Religionen üblich sind und geübt werden.

Der andere Weg zur Stille

Ebenso wie Maria Montessori ist der erst kürzlich verstorbene Begründer der Reggio-Pädagogik ein großer Verfechter der Sache der Kinder. Loris Malaguzi, geboren in Correggio, war Grundschullehrer, der sich der Volkskindergarten-Bewegung in Reggio Emilia anschloß. Es geht ihm in seinem mit einfachen Leuten entwickelten Konzept von erzieherischer Arbeit vor allem um das Gespräch, um Sprache als dialogisches und kommunikatives Medium. Sich mit Kindern austauschen und verständigen, sich aus- und absprechen über Ziele und Absichten des erzieherischen Handelns stehen im Mittelpunkt seines Schaffens.

Das Ziel selbst setzen

Ebenso wie in der Montessori-Pädagogik mit den Erfahrungen von Stille sowie der Selbstbeschäftigung einerseits und dem Zutrauen andererseits, daß jedes Kind sein Ziel selbst setzen kann, geht auch die Reggio-Pädagogik davon aus, jedes Kind in seiner Einzigartigkeit ernstzunehmen und gleichzeitig Formen des solidarischen Zusammenlebens zu entwickeln.

Reggio-Pädagogik ist ebenso wie Montessori-Erziehung keine Methode, sondern weit mehr eine Einstellung zu Kindern und ihrem Stellenwert im Gemeinwesen, es sind eher politische Bewegungen, die Kindern mehr Rechte in der Demokratie erstreiten wollen. Malaguzzis Verdienst ist es, was sonst in den Kindergärten getrennt war, wieder zusammenzubringen, nämlich das Kind, seine Familie und seine Umgebung.

Bekannt geworden sind in diesem Zusammenhang besonders die von Loris Malaguzzi verfaßten Gedanken zu Kindern.

„Ein Kind hat hundert Sprachen,
hundert Hände, hundert Gedanken,
zu sprechen, zu staunen, zu entdecken.
Doch die Schule und die Umwelt
trennen ihm den Kopf vom Körper.

Sie bringen ihm bei,
ohne Hände zu denken,
ohne Kopf zu handeln,
ohne Vergnügen zu verstehen,
nur Ostern und Weihnachten
zu lieben und zu staunen.

Sie sagen ihm,
daß die Welt bereits entdeckt ist,
daß das Spielen und die Arbeit,
die Wirklichkeit und die Fantasie,
die Wissenschaft und die Vorstellungskraft,
die Vernunft und der Traum Dinge sind,
die nicht zusammengehören.

Von seinen hundert Sprachen
rauben sie dem Kind neunundneunzig
und sagen,
daß es diese hundert Sprachen nicht gibt.
Das Kind sagt: ‚Aber es gibt sie doch'."

Loris Malaguzzi

Konzept: Stille und Meditation

Es wird deutlich, daß eine rein auf den klassischen Möglichkeiten der Meditation beruhende Vorgehensweise mit Kindern nur beschränkt tauglich erscheint. Kinder werden viel zu häufig instrumentalisiert in der vorfindbaren Gesellschaft, als daß sie auch noch in diesem Bereich der Wahrnehmung und der sinnlichen Erfahrung eher Zwängen als Befreiung ausgesetzt werden dürfen. Aber nicht nur das möglicherweise Zwanghafte spricht gegen Formen wie Yoga, Zen oder autogenes Training, sondern auch die damit in der Regel verbundene Überforderung des Kindes, denn es braucht einen äußerst langen Weg, um aus der Lärm- und Konsumgesellschaft herauszufinden und ein völlig anderes, konträres Weltbild entdecken zu können. Es spricht also einiges gegen klassische Formen.

Während der Ansatz von Maria Montessori darauf beruht, Kindern Stille zumuten zu können, denn sie sind im Grunde dafür empfänglich und warten darauf, ist die „politische" Richtung des Loris Malaguzzi daraufhin angelegt, Fragen und Vorgehensweisen im Miteinander der am Erziehungsprozeß Beteiligten auf verbalem Weg zu klären.

Es leuchtet ein, die klassische, eher traditionell orientierte Meditation, wie beispielsweise bei Halbfas und anderen entwickelt, als Grundlage einer Stille-Erziehung von Kindern weniger zu berücksichtigen.

Dagegen eignen sich für eine eher im Hausgebrauch nutzbare Stille-Erziehung sicher die beiden Formen besser, die von den Italienern entwickelt worden sind, wenn sie miteinander kombiniert werden können.

Spiel und Sprache nutzbar machen

Es geht um Kindern zumutbare sinnliche Erfahrungen von Stille, die auf Meditation angelegt das aktuelle Umfeld mit einbeziehen. Wesentliche Grundfaktoren und Transfermöglichkeiten sind dabei Spiel und Sprache im Sinne von Medien, die nutzbar gemacht werden, um auf Meditation hinzuwirken.

Es wird von daher eigentlich vor allem um „spielerische“ im Sinne von spielpädagogische Zugänge zu Stille und Meditation gehen. Weder die Methode noch die spielpädagogische Vorgehensweise stehen im Mittelpunkt, sondern das Kind mit seinen gesamten Wahrnehmungs- und Ausdrucksfähigkeiten. Damit wird jede Einengung oder Bevormundung vermieden. Stattdessen suchen wir, nämlich die oder der Erziehende und die Mädchen und Jungen gemeinsam nach Wegen, die zur Entspannung, Ruhe und Meditation führen. Dieser miteinander durchlebte Prozeß ist selbst schon Teil dieses Weges. Und wir sind jedes Mal wieder neu auf dem Weg, in diesem Sinn ist also der Weg das Ziel, nicht was andere davon halten oder besser wissen.

Den Weg der Kinder gehen

Wir Pädagogen gehen den Weg des Kindes und nicht umgekehrt. Wir sind ebenso Lernende und Lehrende wie die Kinder. Wir leiten an und lassen uns leiten. Wenn wir motiviert sind, begeistert von dem, was unserer Meinung nach gut ist, können wir unser Engagement in diesen Prozeß einbringen. Ob dadurch von den Kindern eine vergleichbare Begeisterung entwikkelt wird, ob sie ebenso motiviert werden wie wir, haben wir nicht in der Hand. Fehlt aber unser eigener Enthusiasmus und spüren die Kinder, daß wir sie zu wenig ernstnehmen, werden alle Bemühungen fehlschlagen.

Methodische Hilfen und Anregungen

Auf dem Weg zur Stille

■ Wie schon gesagt, spielt die innere Haltung von Erziehenden selbst die wichtigste Rolle, wenn wir Kindern Ruhe und Stille näher bringen wollen. Sind wir aufgeregt, aggressiv oder unsicher, wird sich das auf die Kinder übertragen, und unser Vorhaben scheitert.

■ Zwang ist hier ebenso wie bei anderen Formen des gemeinsamen Tuns unangebracht, bewirkt im Blick auf die Wendung nach innen eher das Gegenteil und macht Stilleerfahrungen unmöglich.

■ Es kann auch nicht um Forderungen und Anweisungen gehen, die von den Kindern befolgt und erfüllt werden müssen, während die Erziehenden sich heraushalten und darauf warten, was bei diesem oder jenem Tun herauskommt.

■ Die Kinder dürfen weder den Eindruck bekommen, es handele sich um Spielerei im Sinne von Mätzchen, noch daß überaus hohe Erwartungen in bezug auf absolute Ernsthaftigkeit an sie gerichtet werden.

■ Das bloße Beibringen von Technik stimmt nicht mit einem seriösen Ansatz im Hinblick auf Entspannung und Konzentration überein und entgleist leicht zur Pädagogisierung und Manipulation.

■ Die eigene Gelassenheit, das Verhältnis zur Besinnlichkeit sowie die Begeisterung der Erziehenden ist Voraussetzung für das angestrebte Entstehen von Stille und Meditation mit Kindern.

■ Das jeweils erneute Werben für eine andere eher ungewohnte Art und Weise des gemeinsamen Tuns ist ebenso immer wieder Ausgangspunkt wie das Bemühen, sich miteinander auf den Weg zu machen.

Zeiten und Räume

Damit etwas von Stille und Meditation erfahrbar und erinnert werden kann, soll es möglichst einfach und wiederholbar sein. Darum kann es wichtig sein, eine bestimmte Zeit (es können auch mehrere sein) festzulegen, zu der Stille-Erfahrungen angeboten werden. Ein solcher Zeitpunkt ist auszuwählen, an dem ausgeschlossen werden kann, daß all zu viele äußere Störfaktoren wie Lärm, Telefon, Sirenen und andere Belästigungen die notwendige Ruhe unterbrechen. Bekannten, Freunden oder Besuchern ist es durchaus zuzumuten, daß sie zu vorher mitgeteilten Zeiten weder anrufen noch an der Türe schellen oder auf andere Art und Weise stören.

Den richtigen Zeitpunkt wählen

Die Beschäftigung mit Stille-Erfahrungen ist immer auch eine Frage des Einsatzes von Zeit und des Zulassens von persönlichen Reaktionen. Von daher ist es wichtig, den Kindern immer wieder neu zu vermitteln, daß jede Art und Weise des eigenen Verhaltens geschätzt und nicht verachtet wird. Wesentlich sind folgende Absprachen, die in einem derartigen Prozeß Bestand haben:

Wir können uns Zeit lassen.
Wir können hinnehmen, was kommt.
Jeder riskiert so viel, wie er will.
Keiner muß vollkommen sein.
Es gibt kein richtig oder falsch.
Gefühle können ebenso wie Schwächen
gezeigt werden.
Jeder kann sich helfen lassen.
Wir sind miteinander am richtigen Ort.

Weil das persönliche Wohlbefinden von großer Bedeutung für den Zugang zu eigenen Gedanken, Ideen und Bildern ist, wird der „Stille-Raum" – falls es nicht ein speziell für diese Zwecke vorbereitetes Zimmer gibt – so hergerichtet, daß man sich es im wahrsten Sinne des Wortes „gemütlich" machen kann. Die Ausstattung, der Boden und die Wände können so gestaltet werden, daß eine ruhige und dennoch spannungsvolle Atmosphäre entsteht. Inwiefern beispielsweise Decken oder Teppiche genutzt werden, ob und welche Bilder an den Wänden hängen, all das gilt es miteinander zu beraten und entsprechend vorzubereiten. Auch hier können die Kinder schon einbezogen werden und mit entscheiden.

Es muß „gemütlich" sein

Insgesamt ist zu beachten, daß statt größeren Ablenkungen Hilfestellungen zur Konzentration gegeben werden, um für gemeinsame Schritte auf dem Weg zu Stille und Meditation sensibel zu machen.

Teil 2

Ich halte den Atem an

Luft und Atem

Luft holen und ausstoßen, ein- und ausatmen, das passiert bei gesunden Menschen mehr oder weniger automatisch. Uns stockt der Atem oder es verschlägt ihn, wenn etwas Aufregendes oder Ärgerliches passiert. Wenn einem der Atem wegbleibt, kann man auch keinen Ton herausbringen. Die Stimme braucht Luft zum Sprechen oder Singen, aber ebenso beim Stöhnen oder Röcheln entweicht Atem. Atmen bedeutet Leben – dem ersten Menschen Adam (hebräisch bedeutet das Erde und ist verwandt mit Dom, was Blut heißt) wird der göttliche Atem eingehaucht. Erst dann lebt er. Sauerstoff wird eingeatmet, geht ins Blut. Der Austausch von verbrauchter Luft mit neuer läßt uns lebendig sein. Wenn jemand gestorben ist, hat er seinen letzten Atemzug getan.

Kindern können wir erklären:

Jeder Mensch muß atmen. Wir merken, wenn wir im Schwimmbad tauchen, daß wir immer wieder an die Wasseroberfläche müssen, um Atem zu holen. Wir atmen mit dem Mund und mit der Nase. Ihr könnt einmal beides ausprobieren und erzählen, ob Ihr einen Unterschied spürt. Habt Ihr schon jemandem Mund oder Nase zugehalten? Was macht derjenige dann? Sicher kennt Ihr ja schon den Trick, wie einer dazu gebracht werden kann, seinen Mund zu öffnen.

Atem anhalten
nur kurze Zeit
und lauschen
was hier und jetzt
mit mir geschieht

Atem anhalten
einen Moment
und staunen
darüber, daß ich so bin
wie ich bin

Atem anhalten
minutenlang
und lächeln
bei dem Gedanken
an die kommende Zeit

Atem anhalten
im Augenblick
und wünschen,
daß es so bleibt
und ich lebe

Atem anhalten
hier und jetzt
und die Hoffnung
auf Morgen
bewahren

■ MIT DER NASE FÄNGT ES AN

☐ Wir stehen im Kreis, jeder fühlt mit den Fingern seine eigene Nase ab, durch die er atmet. Was gibt es zu entdecken, tut irgendwo etwas weh, muß jemand erst einmal seine Nase putzen? Wie atmet es sich durch die Nase und was gibt es alles für verschiedene Möglichkeiten des Atmens?

☐ Jedes Kind für sich atmet mit der Nase ein und aus, einige Male mit der Nase ganz nach oben, dann in der Mitte und schließlich mit nach unten gesenkter Nase. Herauszufinden gilt es, ob die Kinder Unterschiede feststellen können.

☐ Alle Kinder versuchen, kurz und heftig stoßweise mit der Nase ein- und auszuatmen. Was bewegt sich im Körper dabei mit, ist das eher angenehm oder nicht so gut?
Anschließend folgen weitere Erprobungen:
Nur mit dem linken, nur mit dem rechten Nasenloch ein- und ausatmen. Was geschieht mit ganz breiten, aufgeblähten Nasenflügeln, und was, wenn die Nasenlöcher sehr eng zusammengedrückt werden?

☐ Wir gehen ein paar Runden, wir werden etwas schneller, schließlich laufen wir. Wie wirken sich die unterschiedlichen Geschwindigkeiten auf die Art des Atmens aus?

☐ Wir verschnaufen und bemühen uns, einen gemeinsamen Rhythmus im Nasenatmen zu finden.

WIE RIECHT DENN DAS?

☐ Wir gehen durch den Garten. Die Kinder gehen paarweise und erkunden die verschiedenen Gerüche von Blumen, Gräsern, Pflanzen und Bäumen. Die Kinder riechen nacheinander und tauschen sich über ihre Eindrücke aus. Können sie sich auf den Duft einer Blume einigen oder hat jedes seinen Lieblingsgeruch? Mögen beide den Geruch von Harz oder Gras ? Wie ist es mit abgestorbenen Ästen, behagt ihnen der Geruch von vermodertem Holz? Welche Pflanzen riechen eher frisch und angenehm, welche haben einen Geruch, der abstoßend ist oder der stinkt?

Hat jeder seinen Lieblingsgeruch?

Möglicherweise ist solch ein Spaziergang nicht in der näheren Umgebung möglich. Dann lohnt sich ein Ausflug zum nächsten botanischen Garten oder zur biologischen Anlage einer Universität.

☐ Wir haben alle möglichen Gewürze von zu Hause mitgebracht und sie in kleine Behälter verteilt.
Jedes Kind geht – mit einem Zettel – ruhig von Gewürz zu Gewürz und notiert / merkt sich seine Eindrücke, in dem es Umschreibungen findet für das, was es wahrnimmt. Etwa so: Nelken riechen so süß und etwas scharf wie Lakritze; Basilikum duftet wie gesundes Gras. Oder: Koriander riecht ein bißchen nach Weihnachten; Majoran duftet nach Pizzeria. Die Kinder lassen sich ausreichend Zeit, bis sie mit allen Gewürzen fertig sind.
Schließlich werden die Kinder gebeten, eine Rangfolge zu erstellen: Was ist mein liebster, zweitliebster bis hin zum schlechtesten Geruch. Möglicherweise gibt es Übereinstimmungen oder aber auch ganz entgegengesetze Einschätzungen.

GOLD IM MUND HABEN

☐ Auch hier geht es in der ersten Phase des gemeinsamen Tuns darum, mit den Kindern zu entdecken, was der Mund alles hergibt, allerdings zunächst ohne Stimme. Es wird weitaus mehr sein als bei der Nase. Verändert sich die Mundatmung, wenn wir die Stellungen verändern, z.B. sitzen, stehen, liegen? Welche Körperteile werden vorrangig bei der Mundatmung angesprochen?

☐ Wir probieren aus, was passiert, wenn wir die Mundstellungen verändern, wenn wir staunen oder wütend sind, wenn wir uns freuen und lachen, wenn wir traurig oder bockig sind. Jedesmal verändert sich der Luftstrom und damit auch der Charakter des Atmens.

☐ Wem gefällt es oder wer hat keinen Spaß daran, schnell aus- und einzuatmen, wenn wir mit dem Mund ein O bilden oder wenn wir die Zähne zusammenbeißen und die Luft einziehen und wieder herauspusten?

Einen Ton finden

☐ Wir nehmen die Stimmen dazu. Alle laufen im Raum umher. Jedes Kind findet den Ton, der im Augenblick zu ihm paßt, seinen eigenen Ton. Etwa: Wenn jemand traurig ist, wird er seufzen oder stöhnen. Wenn es einer gut geht, kann sie eine kleine Melodie summen. Die eigene Empfindung in Töne umzusetzen, fällt vielleicht gar nicht so leicht. Wenn jeder seinen Ton verbraucht hat, bleibt er stehen. Stehen alle, bleibt es einen Augenblick lang still. Zum Abschluß erklingen noch einmal alle Töne gleichzeitig.

☐ Wenn wir den Kindern noch mehr zumuten dürfen, kann mit einer Improvisation dieser Einzeltöne fortgesetzt werden. Hilfreich kann dabei sein, wenn Instrumentalmusik oder Naturklänge im Hintergrund abgespielt werden.

Instrumente hinzunehmen

☐ Noch eine weitere Steigerung ist möglich, indem wir Lieder oder Sprechgesänge erfinden. Als Hilfsmittel können wir verschiedene einfache Instrumente hinzunehmen wie Triangel, kleine Becken oder Zimbeln, Klanghölzer und Glöckchen.

☐ Gemeinsam gehen wir mit der Stimme alle Vokale durch. Dies geschieht über den hörbaren Atem, sehr langsam und in Ruhe bringen wir nacheinander mit kurzen Pausen dazwischen die Vokale zum Klingen.

Erklärung

Aus der Musiktherapie (Hegi, S. 308 ..) kommt das Wissen um die Verbindung der Vokale mit einzelnen Körperteilen. Wenn wir das im Hintergrund wissen, können wir darauf reagieren, falls ein Kind außergewöhnlich bzw. auffällig auf einen bestimmten Vokal reagiert. Hier ist die Zuordnung der Vokale zu bestimmten Körperregionen:

Acht Bereiche

I	Kopf
E	Hals – Kehlkopf – Körperseiten
Ä	Schlund – Lungenspitze
A	Brust – Herz
O	Bauch – Solar Plexus
Ö	Zwerchfell – Magen – Leber
U	Unterleib – Becken – Geschlechtsorgane
UI	Nieren – Mastdarm – Rückgrat

Die Suche nach dem guten Ton

Vor langer Zeit hatte es Gott gefallen, einen kleinen Kerl zu schaffen und ihm eine klitzekleine Flöte mit auf den Lebensweg zu geben.

Die Flöte gefiel ihm gut und er probierte aus, was er alles mit ihr machen konnte. Da gab es laute und leise Töne, lange und kurze, sanfte und zornige, stotternde und ganz schnelle. Er fand eine bunte Vielfalt von Tönen.

Mit der Zeit hatte der kleine Kerl wunderbar spielen gelernt. Es gelang ihm einfach alles auf seiner klitzekleinen Flöte und er hätte von Herzen froh sein können. Aber da gab es etwas, das ihn zunehmend beschäftigte. Er kam von einem Gedanken nicht los, der ihm dauernd im Kopf herumging. „Es muß doch einen Ton geben, den besten Ton, den Ton aller Töne. Ich muß den guten Ton finden."

Und weil ihn diese Gedanken plagten und nicht mehr losließen, machte er sich auf den Weg in die weite Welt. Er spielte mal hier und dort mal und war immer auf der Suche nach dem guten Ton.

Eines Tages hörte der kleine Kerl von einem Musikzirkus, der durch das Land zog und er beschloß, dort hinzugehen. Er wollte gut aufpassen und hinhören, denn es könnte ja sein, daß er dort den guten Ton finden würde. Zunächst traf er auf vier wunderbare Saiten-Akrobaten. Er setzte sich in ihre Nähe und hörte zu.

Was die vier Akrobaten da gespielt hatten, gefiel dem kleinen Kerl sehr gut. Das klang sehr erdverbunden und hatte verschiedene Empfindungen bei ihm hervorgerufen. Er fühlte sich zurückversetzt in die dunkle Höhle, in der er sich befunden hatte, als er damals zum Leben erwachte. Ja, er hatte sich heimisch, zu Hause gefühlt bei diesen Klängen.

Die Töne waren ruhig, langgezogen und weich. Schön war das gewesen. Aber war der gute Ton dabei? Der Ton, den er dringend suchte? Nachdenklich betrachtete er die größere Flöte, die ihm einer der Akrobaten nach deren Auftritt gegeben hatte. Und er versuchte einige Töne, die er gehört hatte, nachzuspielen.

Die größere Flöte war schön und gut, aber sie machte ihn nicht zufriedener. Warum ist es nur so schwer, den guten Ton zu finden, dachte er und wurde darüber ganz traurig. Vielleicht suche ich nicht an den richtigen Stellen, dachte er. Vielleicht glaube ich nicht genug daran, daß es ihn gibt, oder ich kann ihn unter den vielen anderen Klängen und Geräuschen nicht heraushören. Er wußte nicht mehr weiter.

Und als er so saß und verzweifelte, kamen zwei Feuerspucker, die einen wirbelnden Flammentanz begannen.

Das ist es, dachte der kleine Kerl. Ich hab es gefunden. Ich muß eine zweite Flöte haben. Und er tanzte außer sich vor Freude ausgelassen herum. Schnell lief er und besorgte sich eine zweite Flöte. Und bald, nachdem er herausgefunden hatte, wie er auf den beiden Instrumenten spielen konnte, erklang eine Fülle von lustigen Tönen. Es war fast wie ein kleines Feuerwerk.

Und weil der kleine Kerl so froh geworden war, mußte er seine Musik irgendjemandem vorspielen. So lief er zum Direktor vom Zirkus der Töne und spielte voller Freude drauf los.

Der kleine Kerl hatte sich total verausgabt und es war ihm im wahrsten Sinne des Wortes die Puste ausgegangen. Hilfesuchend streckte er seine Arme zum Zirkusdirektor aus, brachte aber keinen Ton mehr heraus.

Der sah ihn bedächtig an und fragte: „Sag mir, warum suchst du ihn? Warum bist du immer noch auf der Suche nach dem guten Ton?“

„Ich will, ich will,“ stotterte der kleine Kerl, „ich muß ihn finden, um jeden Preis.“

„Das ist aber viel,“ sagte der Direktor. „Willst du dein ganzes Leben damit vertun?“ „Aber das tun doch alle Leute“, entgegnete der kleine Kerl. „Das wichtigste im Leben ist doch der gute Ton.“

„Unsinn,“ meinte der Direktor, „was ist denn wichtiger für dich, das, was du kannst und wozu du ge-

schaffen bist oder das, was alle tun? Meinst du, nur der gute Ton macht immer die Musik? Wonach bist Du denn auf der Suche?“

„Ich weiß es nicht mehr, ich weiß überhaupt nichts“, flüsterte der kleine Kerl vor sich hin.

„Paß auf,“ sprach der Zirkusdirektor, „wir haben hier im Zirkus einen besonderen Künstler, einen Magier und Zauberer von Rang. Hör und sieh ihn einmal an. Vielleicht lernst du etwas und danach komm wieder zu mir.“

Beim Vortrag des Zauberers hatte sich die große Aufregung von dem kleinen Kerl etwas gelegt. Es hatte den Anschein, als sei er etwas ruhiger geworden. „Nun,“ fragte ihn der Direktor, „hat es dir Spaß gemacht?“ „Spaß ist nicht das richtige Wort“, meinte der kleine Kerl, „es hat mich irgendwie gepackt. Ich habe etwas davon gespürt, Ich …“ „Gespürt wovon?“ unterbrach ihn der Direktor. „Na, von dem Ton, den der Zauberer hatte. Wovon sonst?“ sagte der kleine Kerl aufgebracht, während er Grimassen schnitt. „Du bist ein Narr,“ sagte der Direktor, „aber manche haben einen schweren Weg zurückzulegen. Du bist sicher einer von denen.“ Und er wandte sich ab und ließ den kleinen Kerl allein.

Oh ja, – dachte der. Was weiß der Direktor schon von meinem Weg. Ich werde es schaffen, und wenn ich mir die größte Flöte hole, die es gibt. Und so, als ob Zauberei im Spiel war, stand eine riesengroße Flöte vor ihm und er mühte sich ab, auf ihr zu spielen.

Auch die riesengroße Flöte erwies sich als Reinfall. Es war sogar noch schlimmer; trotz aller Plackerei und Mühe hatte der kleine Kerl das Gefühl, keinen Schritt weitergekommen zu sein.

Und er ärgerte sich grün!

Müde und kaputt lag er da, er war so müde, daß er einschlief. Er hatte einen seltsamen Traum. Er sah sich als Clown in einem großen Schloß. Überall hingen

große Spiegel. Und er lief hin und her, um sein Bild zu entdecken. Aber aus jedem Bild blickte ihn der Direktor entgegen, der ihm höhnisch zurief: „Du armer Narr!“ Immer und immer wieder geschah ihm das, ganz gleich in welchen Raum er lief und in welchen Spiegel er blickte.

Dieser Traum verfolgte ihn bis in die Gegenwart und er war noch verzweifelter als je zuvor. Er sammelte alle seine Flöten zusammen. Aber alles waren nur Bruchstücke und trotzdem versuchte er immer noch zu spielen, zu spielen, trotz allem suchte er seinen Ton.

Endlich, als er überhaupt nicht mehr ein noch aus wußte, als ihm Tränen aus den Augen liefen, rannte er durch den ganzen Zirkus und rief laut: „Hilfe, ich kann nicht mehr! Herr Direktor, zu Hilfe, Hilfe!“

Auf sein Rufen hin erschien der Direktor, nahm ihn tröstend in die Arme und sagte zu ihm: „Du armer Kerl, du hättest es leichter haben können. Aber du hast nichts verstanden und warst ganz vernarrt in deinen guten Ton und die Suche nach ihm. So geht es vielen, die Dinge für wichtig erachten und an ihnen wie

Narren festhalten, obwohl die Lösung schon längst da und ganz nah ist. Denk an die Geschichte mit dem wunderschönen Falter, der immer wieder gegen die gleiche Fensterscheibe fliegt, bis er schließlich tot hinfällt. Direkt neben dem Fenster aber steht die Türe weit auf. – Paß gut auf, ich will dir noch etwas zeigen.

Wir haben hier im Zirkus noch eine ganz besondere Truppe. Es sind die fliegenden Menschen. Jeder von ihnen ist ein ganz ausgezeichneter Artist. Paß auf und hör gut hin!"

Das Ende der Geschichte ist schnell erzählt und ihr habt es alle miterlebt. Der kleine Kerl hatte endlich verstanden. Bei allen Darstellern im Zirkus war es schon deutlich geworden. Bei den Akrobaten war es schon angeklungen und ebenso bei den Feuerspukkern. Der Zauberer hatte es am klarsten gezeigt: Daß nur der andere verzaubern kann, der den Zauber in sich trägt, der ihn gleichermaßen verkörpert. Keiner muß mit seiner Suche nach dem guten Ton weit gehen. Das hatten erst recht die fliegenden Menschen gezeigt.

Die Suche des kleinen Kerls nach dem guten Ton endete bei ihm selbst. Ob er ihn nun endlich bei sich selbst entdecken konnte, – wer weiß das?

Wir aber wissen, wo wir suchen können.

SPRECHEN UND BEIM NAMEN RUFEN

☐ Wir sitzen im Kreis und schließen die Augen. Jedes Kind konzentriert sich auf seinen eigenen Vornamen. Es sagt in beliebiger Art und Weise mehrmals seinen Namen, geht langsam Buchstaben für Buchstaben durch, wird mal leiser, mal lauter. Sind alle zu einem Ende gekommen, tritt Ruhe ein. Jeder sinnt seinem Namen in der Stille nach. Was verbinde ich mit diesem Namen, klingt er gut, welche Wünsche verknüpfe ich mit meinem Namen? Eine Gesprächsrunde kann sich anschließen, u.a. über die Bedeutung von Vornamen.

Seinem Namen nachsinnen

☐ Wir verteilen uns im Raum, die Augen sind geschlossen. Ein Kind beginnt und flüstert ein- bis dreimal in die Stille den Namen eines anderen Kindes. Das angesprochene Kind wartet einen Moment, wiederholt dann seinen Namen und spricht flüsternd ein weiteres Kind an. Sind alle genannt worden, spricht jeder noch einmal seinen eigenen Namen und überlegt, wenn er es nicht schon längst weiß, wer seinen Namen genannt hat.
Bei Namensgleichheit empfiehlt es sich, vorher eine Vereinbarung zu treffen, etwa: Den Anfangsbuchstaben des Nachnamens mitzunennen.

☐ In Abwandlung der bekannten ABC-Methode beim Stadt-Land-Fluß-Spiel wird ein Buchstabe festgelegt. Jedes Kind nennt der Reihenfolge im Kreis nach einen Namen, der mit dem festgelegten Buchstaben beginnt. Verdoppelungen soll es nicht geben. Wer keinen Namen mehr weiß, beginnt mit einem neuen Buchstaben. Schwerer wird es, wenn kein Name aus der Runde vorkommen soll.

WIND SPÜREN

☐ Wir suchen uns einen bequemen Platz im Hof. Die Augen werden geschlossen. Jedes Kind versucht einige Minuten lang in Ruhe dem Wind zu lauschen. Wichtig ist dabei, möglichst andere Geräusche auszuschließen und sich nur auf den Wind zu konzentrieren.
Wie fühlt sich der Wind an in meinem Gesicht, auf meiner Haut und welche Gedanken kommen mir in den Sinn, wenn ich das spüre?
Was höre ich tatsächlich, welche Empfindungen löst der Wind bei mir aus? Bewirkt das, was ich höre, Ruhe oder eher Aufregung? Welche Bilder und Vergleiche entstehen dadurch bei mir?

Wenn ich der Wind bin

Was ist, wenn ich der Wind bin? In meiner Fantasie ziehe ich über das Land, streichle die Baumwipfel, umspüle die Wellen eines Sees und ziehe über die Felder und Wälder. Wie fühle ich mich als Wind an, so leicht und fließend?

☐ In der Mitte auf einem Tisch befinden sich viele bunte Papierschnitzel. Wir sitzen eng aneinandergedrängt und blasen vorsichtig einzeln und später gemeinsam die Schnipsel durcheinander. Auf ein Zeichen hören wir auf und schauen uns an, was auf dem Tisch entstanden ist. Was könnte die Figur darstellen? Vielleicht ist dort ein Gesicht, ein Gegenstand oder ein Tier zu sehen. Nachdem verschiedene Möglichkeiten gefunden wurden, pusten wir behutsam so, daß alle Schnipsel wieder in die Mitte kommen und wir von neuem beginnen können.

Eine Figur aus Schnipseln

☐ Nun befindet sich auf dem Tisch ein Wattestückchen (ein Tischtennisball geht auch). Jedes Kind hat einen Bierdeckel (ein Stück Pappe) in der Hand, mit dem es Wind erzeugt, um das Wattestückchen zu bewegen.
Alle sind bemüht, daß es nicht vom Tisch herabfällt. Auch dabei kann es ruhig zugehen. Gelingt es, die Watte so zu treiben, daß sie auf dem Tisch einen Kreis beschreibt, vielleicht sogar in die Luft gewirbelt wird?

WINDGESCHICHTEN

☐ Der Wind kann Geschichten erzählen. Viele können ihn hören, aber nur wenige verstehen, was er sagt. Am besten verstehen ihn die Kinder auf der ganzen Welt. Die Geschichten handeln davon, was der Wind alles erlebt, aber er erfindet auch welche. Dann zieht er sich zurück, verhält sich ganz still und denkt nach. Wenn es also windstill ist, wissen die Kinder, daß sich der Wind Geschichten ausdenkt.
Dabei ißt er auch nichts. „Kann der Wind essen?“, werdet Ihr fragen. „Ja, das kann er“, kommt die Antwort.

„Und was ißt er?“ „Fliegende Federn und kleine Blätter, winzige Wolken, aber am liebsten mag er Seifenblasen.“

Meistens ist der Wind lieb und freundlich. Er bläst lustig, daß die Segelschiffe fahren, die Luftballons hochsteigen oder die Blätter durch die Luft gewirbelt werden. Aber er kann auch furchtbar böse werden. Dann stürmt er über das Meer, reißt die Wellen hoch und läßt sie das Land überschwemmen.

Immer dann, wenn er zu viel schlechte Luft atmet und dauernd husten muß, wehrt er sich.

O ja, der Wind erzählt viele Geschichten. Probiert es einmal aus. Setzt Euch ruhig irgendwo hin, ganz gleich ob am Meer, im Wald oder auf einem Berg, hört dem Wind zu und laßt Euch eine Geschichte erzählen.

Aber behaltet die Geschichte für Euch. Denn es gibt nichts Schöneres, als mit dem Wind ein Geheimnis zu teilen.

Teil 3

Ich stehe auf dem Boden

Erde und Staub

Aus Lehm ist der Mensch laut der Schöpfungsgeschichte geformt worden, aus Sand, Staub und Wasser gemacht. Am Ende des Lebens wird er auch wieder zu dem werden, woraus er gemacht wurde, zu Staub. Erde als der Grund, der Boden, auf dem wir und alle anderen Geschöpfe leben. Der Grund für unser Dasein, der Boden, auf dem wir stehen, auf dem wir einen Standpunkt finden, die Erde, in der wir wurzeln mit in den Himmel emporgestrecktem Kopf. Die Erde, aus der wir fast alles zum Leben beziehen, auf der Pflanzen wachsen, die Früchte bringen, Blumen und Bäume, Korn und Gras. Die Erde, auf der Meere, Seen und Flüße fließen. Die Vögel unter dem Himmel, die Tiere auf der Erde, die Fische im Wasser und alles, was sich ober- und unterhalb der Erdöberfläche tummelt.

Den Kindern können wir erklären:

Die Erde ist unsere Heimat, der Stern, auf dem wir leben. Unsere Eltern und deren Eltern haben schon hier gelebt. Ohne die Erde gäbe es kein Leben, keine Menschen, Tiere oder Pflanzen. Wir sind auf die Erde angewiesen und müssen sie bewahren für alle Kinder, die nach uns kommen werden. Erde, das sind nicht nur Sand und Sterne, Felder und Wälder, Berge und Täler, Meere und Wüsten. Erde, das sind wir.

Auf dem Boden
stehen
lebendig
aus der Kraft der Erde

Auf den Boden
treten
Schritt vor Schritt
setzen mit ganzer Kraft

Auf dem Boden
liegen
fast zerstört
ohne Mut

Auf den Boden
stampfen
sich behaupten
und Mut finden

Auf dem Boden
tanzen
voller Lust
am Leben

Auf den Boden
springen
aus Freude
über das Leben

Auf dem Boden
bleiben
beständig
seinen Weg suchen

SAND UND STEINE

☐ Jedes Kind hat vor sich auf dem Tisch eine Zigarren- oder andere Holzdose, die mit feinem weißen Sand gefüllt ist. Noch besser eignet sich ein Bilderrahmen mit den Maßen ab 10 x 16 cm ohne Glas. Mit geschlossenen Augen ertasten alle, wie sich Sand anfühlt. Was kann man alles mit so einem Kästchen voll Sand machen? Wie fühlt sich meine Hand an, wenn sie auf dem Sand liegt, wenn sie vollständig von Sand bedeckt ist, wenn ich eine Hand auf den Sand lege und mit der anderen etwas darauf rieseln lasse? Wie fühlt sich Sand auf meiner Nase und Stirn, auf meinen Lippen an?

☐ Wir legen in unserem Kästchen/Bilderrahmen einen kleinen japanischen Garten an. Dazu braucht jedes Kind außer dem Sand nur noch ein paar nicht allzu große Steine. Zunächst schütteln wir den Sand, bis er die gesamte Oberfläche etwa gleichmäßig bedeckt.
Jetzt werden die Steine – etwa 6 bis 8 – verteilt. Mit den Fingern, besser noch mit einer Gabel, werden Linien gezogen, von dem einen bis zum anderen Rand, in Wellen um die Steine herum, bis jeder für sich der Meinung ist, daß es so gut und genug ist. Der Garten ist fertig. Schön, wenn uns das etwas entspannt, locker und ruhig gemacht hat.

☐ Im Sommer in Badekleidung können sich immer zwei Kinder zusammentun. Eins der beiden legt sich auf den Bauch, das andere läßt vorsichtig Sand auf den Rücken seiner Partnerin rieseln. Mit dem Sand können auch Figuren, Zahlen oder Buchstaben auf den Rücken „geschrieben" werden. Natürlich ist im Anschluß auch der Partner dran. Wer will, kann sich auch ganz mit Sand bedecken lassen, wie im Urlaub am Strand.

Der Steinhauer

Es war einmal ein Mann, der Steine aus dem Felsen herausschlug. Seine Arbeit war sehr schwer, und er arbeitete viel, doch sein Lohn war gering, und zufrieden war er nicht.

Er seufzte über die Last seiner Arbeit und rief: „Ach, wäre ich doch so reich, um auf einer Bambusbank unter einem Moskitonetz von roter Seide zu ruhen!“ Da kam ein Engel vom Himmel und sprach: „Du sollst sein, was du gewünscht hast!“

Und er ward reich. Er ruhte auf einer Bambusbank, und das Moskitonetz war von roter Seide.

Der König des Landes aber zog vorbei mit Reitern vor seinem Wagen. Auch hinter dem Wagen waren Reiter, und man hielt den goldenen Sonnenschirm über des Königs Haupt. Als der reiche Mann das sah, ärgerte er sich darüber, daß über seinem Kopf kein goldener Sonnenschirm gehalten wurde, und zufrieden war er nicht.

Er seufzte und rief: „Ich wünschte König zu sein!“ Da kam ein Engel vom Himmel und sprach: „Du sollst sein, was du gewünscht hast!“

Und er ward König. Vor seinem Wagen ritten viele Reiter, und auch hinter dem Wagen ritten Reiter, und über seinem Haupt hielt man den goldenen Sonnenschirm.

Die Sonne aber schien mit heißen Strahlen und verbrannte das Erdreich, daß der Graswuchs verdorrte.

Und der König beklagte sich, daß die Sonne ihm das Gesicht versenge und Macht über ihn habe, und zufrieden war er nicht.

Er seufzte und rief: „Ich wünschte die Sonne zu sein!“ Da kam ein Engel vom Himmel und rief: „Du sollst sein, was du gewünscht hast!“

Und er ward die Sonne. Er sandte seine Strahlen nach oben und unten, nach rechts und links und überall hin. Er versengte den Graswuchs auf der Erde und das Gesicht der Fürsten, die auf der Erde lebten.

Eine Wolke aber stellte sich zwischen die Erde und ihn, und die Strahlen der Sonne prallten von ihr ab.

Und er wurde zornig, daß seiner Macht Widerstand geleistet wurde, und beklagte sich, daß diese Wolke Macht über ihn hatte, und zufrieden war er nicht.

Er wollte die Wolke sein, die so mächtig war. Da kam ein Engel vom Himmel und sprach: „Du sollst sein, was du gewünscht hast!“

Er wurde eine Wolke und stellte sich zwischen Sonne und Erde und fing die Strahlen auf, daß das Gras grün wurde. Die Wolke regnete in großen Tropfen auf das Erdreich und ließ die Flüsse anschwellen. Sie verwüstete mit ihren Wassergüssen das Feld, und sie fielen nieder auf einen Felsen, der nicht wich. Sie klatschten in Strömen auf ihn herab; der Felsen wich nicht. Die Wolke wurde zornig, daß der Felsen nicht weichen wollte und daß die Wucht ihrer Ströme vergeblich war, und zufrieden war sie nicht.

Sie rief: „Diesem Felsen ist Macht über mich gegeben. Ich wünschte, ich wäre dieser Felsen!" Da kam ein Engel vom Himmel und sprach: „Du sollst sein, was du gewünscht hast!"

Und sie wurde ein Felsen und bewegte sich nicht, wenn die Sonne schien, und nicht, wenn es regnete. Da kam ein Mann mit Hacke und schwerem Hammer, der Steine aus dem Felsen schlug.

Und der Felsen sagte: „Was heißt das, daß dieser Mann Macht über mich hat und Steine aus meinem Schoß schlägt?" Und zufrieden war er nicht.

Er rief: „Ich bin schwächer als er, ich wünschte, ich wäre dieser Mann!" Da kam ein Engel vom Himmel und sprach: „Du sollst sein, was du gewünscht hast!"

Und er ward wieder Steinhauer, hieb seine Steine aus dem Felsen in mühsamer Arbeit und arbeitete schwer für geringen Lohn, und er war zufrieden.

Ein japanisches Märchen

TONBILDER

☐ Jedes Kind hat vor sich ein Din A4 großes Holzbrett und darauf einen Tonklumpen. Der Ton wird so vorbereitet, daß eine gleichmäßig ausgerollte Tonfläche entsteht, die etwa Din A5 groß ist. Somit besteht nach allen vier Seiten hin genügend Platz, um den Ton auszubreiten.
Zunächst geht es darum, die Tonfläche mit geschlossenen Augen zu ertasten und durch Eindrücken oder Verstreichen zu bearbeiten. Dabei werden nur die Hände benutzt. Es wird kein bestimmtes Thema vorgegeben. Die Kinder können die Bilder produzieren, die ihnen einfallen oder die sich vom Material her ergeben.

☐ Mit neuem Ton geht es weiter, wieder mit geschlossenen Augen und nur mit den Händen. Aufgabenstellungen können jetzt sein:
Wie sieht deine Traumlandschaft aus? Welchen Baum möchtest du darstellen? Welche Formen fallen dir ein?

☐ Bei einer weiteren Arbeit mit wiederum neuen Ton können die Kinder nun mit geöffneten Augen und mit allen zur Verfügung stehenden Hilfsmitteln wie Holzstiften, Messern oder Gabeln das herstellen, was sie mögen: Tiere, Figuren, Phantasiegestalten.

AUF DEM BODEN LIEGEN

Wir legen uns mit den Bäuchen auf den Waldboden oder ins Gras und lassen uns viel Zeit beim Betrachten und Beobachten, was es dort alles zu sehen gibt. Was wächst und liegt dort, auf diesem kleinen Flecken Erde, den ich im Blick habe? Welche verschiedenen Farben und Formen gibt es? Vorsichtig streiche ich mit den Fingern über die Blättchen, die Grashalme. Welche Pflanzen sind darüberhinaus zu finden?
Und welche Tiere kann ich beobachten, kleine Käfer, Ameisen und andere Kriechtiere? Vielleicht gibt es sogar Grashüpfer und anderes mehr. Es ist eine kleine Welt für sich, dieses Stück Boden, auf dem es so viel zu entdecken gibt.
Wenn wir uns umdrehen auf den Rücken, eröffnen sich andere Perspektiven. Je nach Umgebung auf dem Gras oder dem Waldboden liegend se-

hen wir über uns den freien Himmel, der je nach Wetter und Jahreszeit strahlend blau oder grau, wolkenlos oder bewölkt ist. Im Wald geht unser Blick zu den Baumwipfeln, die sich leicht oder stark im Wind wiegen, und zu den Ästen, die mit dem Blattwerk ein Dach über uns bilden.
Über den Wipfeln treibt unser Blick mit den Wolken oder nimmt den blauen Himmel auf.
Ein Fleckchen Erde, ein Stückchen Himmel, eine ganze Welt für sich.

GETREIDEKORN

Wir sitzen im Kreis auf dem Boden, vor jedem Kind steht eine kleine Schale mit mehreren Getreidekörnern. In Ruhe betrachten wir die Körner.
Sie sehen so gleich aus, und doch gibt es kleine Unterschiede, im Aussehen, in der Farbe, in der Einkerbung. So winzig klein ist ein Getreidekorn.
Ich denke daran, wie es in die Erde gesteckt wird, wie es zur Pflanze empor wächst, alles aus diesem winzigen Keimling, und wie es dann Früchte trägt, viele neue Getreidekörner.
Ich sehe mich selbst als dieses Korn, das in der Erde seine Schale durchbricht und sich langsam aber stetig durch die Erde arbeitet, bis es ans Licht kommt und wachsen kann.
Ich sehe mich selbst als ein Korn, das zur Pflanze gewachsen mit vielen anderen ein großes Kornfeld ergibt.
Ich weiß, was daraus werden kann: Brot für viele, Nahrung und Speise.
Was wünsche ich mir, was wünsche ich diesem Korn auf dem Lebensweg: Wünsche für heute und morgen, Träume, die sich erfüllen, Hoffnungen, die mich tragen.
Ich nehme mein Korn, stecke es in den Mund und esse es auf.
So schmecken meine Wünsche und Träume, so wachsen meine Hoffnungen in mir, damit sie viele Früchte tragen und Neues wachsen kann.

Wie die Ameise Bauer wurde

Es war an einem friedlichen Tag im Herbst. Die Sonne stand zwar schon tief am Himmel, schickte aber immer noch unerwartet glühende Strahlen auf das abgeerntete Feld.

Die herrschende Bewegungslosigkeit mißachtend schleppte sich mit einem gewaltigen Weizenkorn bepackt eine Ameise durch die Feldfurchen nach Hause. Da geschah es, daß die Ameise stolperte und das Korn von ihrem Rücken rutschte.

Das Weizenkorn atmete auf! Hatte ihm doch bis jetzt der Atem gestockt, weil es wohl wußte, daß es als Beute dem sofortigen Verzehr nicht entkommen konnte. Seine Todesangst verflog so schnell, wie es vom Rücken gesaust war, und aus diesem befreienden Gefühl wurde es von einer herrlichen Idee durchdrungen. „Hör zu, liebe Ameise“, sagte es, „ich bitte dich von ganzem Herzen, laß mich noch ein Jahr leben!“ Die Ameise streckte sich, erleichtert, von der schweren Last befreit zu sein. „Wenn du mich hier eingräbst“, sprach das Korn weiter, „und wartest, bis das Jahr vergangen ist, werde ich dir an dieser Stelle hundertfach dienen.“

Nach
Leonardo Da Vinci

Die Ameise zögerte, aber je mehr sie den Vorschlag prüfte, desto besser gefiel er ihr. Und während sie sich in Gedanken hin und her wog, begannen ihre Beinchen schon instinktiv ein Loch auszuheben. So nahm sie denn das Korn, umschlang es und versenkte es im Boden; auf daß die Jahreszeiten über das Feld gehen und das Korn zu hundertfachem Leben erwecken mögen.

Mehr als ein Körnchen Wahrheit …

ENTSPANNEN UND MASSIEREN

Wenn schon einige Erfahrungen mit Stille und Meditation vorhanden sind, wenn die Kinder damit einverstanden sind und untereinander genügend Vertrauen besteht, wird es möglich, verschiedene Entspannungs- und Massage-Techniken mit einzubeziehen. Äußere Voraussetzungen dafür sind eine warme Atmosphäre, ein Teppichboden oder besser auf dem Boden ausgebreitete Decken.

Verschiedene Techniken einbeziehen

☐ Entspannungsstern
Jeweils sechs bis acht Kinder legen sich sternförmig auf den Boden mit den Köpfen zur Mitte hin. Die Augen werden geschlossen, Anleitungen werden mit ruhiger Stimme gemacht. Der Entspannungsstern, bei einer größeren Anzahl von Kindern sind es mehrere, hat sich als Ausgangspunkt für eine Reihe weiterer Formen von Stille und Meditation bewährt. Er kann als Einstieg benutzt und jeweils wiederholt werden. Von hier aus ist es möglich, entweder mit musikalischer Entspannung, mit Phantasiereisen oder mit dem Hören von Geschichten fortzufahren. Im Sommer kann der Entspannungsstern auch auf dem Gras oder auf Sand gelegt werden, wenn Störungen durch all zu viel Lärm vermieden werden können.

☐ Klopfmassage
Ein Kind aus der (Entspannungsstern-) Gruppe legt sich in die Mitte, die anderen hocken sich um das Kind herum. Das Kind in der Mitte soll sich wohlfühlen und entspannen können, darum wird es von den anderen Kindern vorsichtig und sanft gestreichelt, abgeklopft und massiert, in jedem Fall aber nicht gekitzelt.
Nach einer Weile wird gewechselt und das nächste Kind ist an der Reihe.

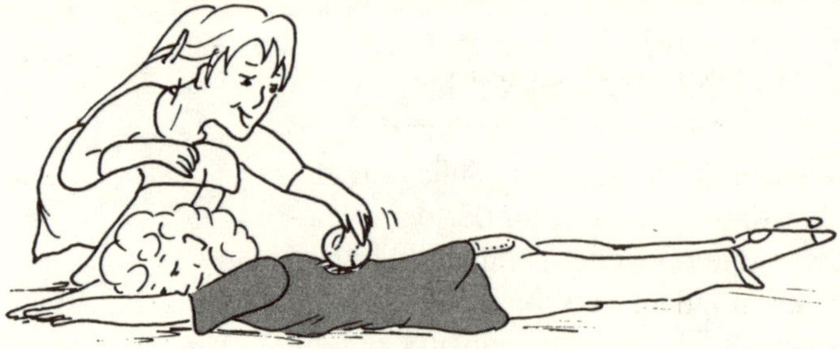

☐ Tennisballmassage

Während die Klopfmassage mit mehreren aber auch zu zweit möglich ist, empfiehlt es sich, für die Massage mit einem Tennisball Paare zu bilden. Ein Kind legt sich auf den Bauch, das andere Kind rollt den Tennisball sanft von den Füßen an langsam über den Rücken zu den Armen bis zum Kopf. Je entspannter das Ganze vor sich geht, desto mehr Wohlgefühl und Genuß kann mit dieser Massage erreicht werden. Das Kind, das den Ball rollt, sollte dabei möglichst genau beobachten und wahrnehmen, wie sich sein Partner fühlt. Nach ausreichend Zeit oder auf ein Zeichen des Massierten hin wird gewechselt.

Den Partner genau beobachten

☐ Schminkmassage

Auch hier können sich Paare zusammentun, das Schminken ist aber ebenso denkbar in Dreiergruppen. Ein Kind legt sich auf den Rücken und läßt sich von dem/den anderen das Gesicht schminken. Dabei kommt es darauf an, mit möglichst wenig Farbe das gesamte Gesicht oder nur einen bestimmten Teil, etwa die Stirn, die Augenpartie oder Mund und Kinn zu massieren und zu schminken. Im Grunde handelt es sich dabei um eine Gesichtsmassage, deswegen ist auch hier ein sanftes und entspannendes Vorgehen angebracht. Ebenso wie bei den anderen Massage-Techniken wird nach ausreichender Zeit gewechselt.

Teil 4

Ich sehe was, was du nicht siehst

Feuer und Licht

Feuer reizt uns und schreckt gleichzeitig ab. Als die Menschen sich das Feuer nutzbar machten, wußten sie auch um seine verzehrende Kraft. Die sommerlichen Waldbrände, die kaum unter Kontrolle gebracht werden können, sprechen eine deutliche Sprache. Verbrennungen der Haut sind schwer zu heilen, manchmal tödlich. Aber auch als Symbol wie etwa das olympische Feuer hat dieses Element seine Bedeutung.

Sonne und Sterne als Lichtquellen am Himmel dienen uns zur Orientierung, haben uns das Licht schätzen gelehrt. Aber gerade heute wissen wir angesichts der Löcher im Ozon auch um die vernichtende Wirkung der Sonnenstrahlen.

Feurige Menschen erfahren wir als temperamentvoll, hitzige dagegen sind eher gefährlich.

Den Kindern können wir erklären:

Feuer und Licht faszinieren uns. Wir wissen aber auch, daß Feuer weh tun kann, spätestens wenn wir uns einmal verbrannt haben. Das Licht einer Kerze mögen wir ebenso wie einen warmen Kamin. Besonders schön ist das Abbrennen einer Wunderkerze oder das Erlebnis eines Feuerwerks. Das elektrische Licht dagegen ist für uns heute fast ständig verfügbar. Wir nutzen es oft, ohne viel nachzudenken. Die Lichter am Himmel begleiten uns ein Leben lang.

Ich sehe
dir ins Gesicht
beobachte deine Augen
und deinen Mund
was du wohl von mir denkst
das weiß ich nicht
ebenso gibt es
vieles von mir
träume, gedanken, gefühle
was du nicht siehst

Ich sehe
manchmal noch mehr
kann es deiner Mimik
deinen Gebärden
deiner Körpersprache entnehmen
geht es dir auch so
geht es dich etwas an
oder läßt es dich kalt
und kümmert dich nicht
was du nicht siehst

Ich sehe
daß jeder für sich einmalig ist
jeder ist ich
keiner ist wir
und doch sind wir ähnlich
aber verschieden
schwer zu erkennen
ich sehe was
was du nicht siehst

IM DUNKLEN HAUS

☐ Das Haus ist abgedunkelt. Wir sitzen mit den Kindern auf dem Boden im Kreis. Wir haben vereinbart, einmal 5 Minuten lang still zu sein. Ob uns das gelingt? Eventuell ist es zu Beginn nötig, einige beruhigende Worte zu sprechen als Einleitung und Hilfestellung.

Gespannt lauschen

Dennoch gibt es Geräusche. Alle lauschen gespannt. Möglicherweise sind die Heizung, Wasserrauschen oder anderes zu hören. Welches sind meine eigenen Geräusche oder Töne, die ich hören kann? Was kann ich von den anderen im Raum mit den Ohren wahrnehmen? Kann ich mich auf einzelne Dinge konzentrieren oder höre ich alles gleichzeitig? Nach und nach versuche ich, auf nichts anderes mehr zu hören und bleibe noch 2 oder 3 Minuten nur bei mir.

☐ Verstecken im dunklen Haus ohne Worte zu spielen, ist nicht leicht. Alle bemühen sich, daß keiner spricht. Möglichst soll auch nicht gekichert werden. Ein Teil der Kinder versteckt sich immer, die anderen suchen. Gute Verstecke im Dunkeln zu finden, ist nicht ganz einfach. Da muß man vorher gut aufgepaßt haben und das Haus kennen. Es kann auch vereinbart werden, wo es nicht gilt, z.B. im Bad oder in der Küche, wo etwas zerbrechen könnte. Verabredet wird darüberhinaus, wie lang die Zeit sein soll, bis die Suchenden aufbrechen. Denjenigen, die entdeckt worden sind, wird vom Sucher die Hand auf die Schulter gelegt. Alles passiert in Ruhe. Sind alle gefunden worden, ist die nächste Gruppe an der Reihe.

DIE KERZE

Sie anzünden und sehen, wie sie sich schnell ganz
groß macht, als wollte sie sagen:
Endlich bin ich wieder lebendig, stehe in Flammen.
Dann wird sie zunächst wieder etwas kleiner,
bis der Wachs unter dem Docht flüssig geworden ist
und sie hell aufleuchtet.
Vier Farben sind zu sehen:
Schwarz ist der verbrannte Docht,
rot glüht das Dochtende,
hellweiß leuchtet der obere Teil der Flamme,
blau der untere.
Das Blau unterteilt sich noch einmal,
nämlich dunkelblau am unteren Anfang
und hellblau am oberen Teil des Dochtes.

Was die Kerze erzählt

Schwarz beginne ich,
schwarz ist die Vorstufe zur Helligkeit –
so wie die Nacht vor dem neuen Tag.
Dunkelblau fange ich zu leuchten an,
so wie der Morgen anbricht
mit den ersten Sonnenstrahlen.
Hellblau wächst der Tag wie der
strahlend blaue Himmel,
und weiß leuchte ich hell,
erhelle den gesamten Tag
und erleuchte die Erde.
Rotglühend verbrenne ich,
so wie die Abendsonne
als runde Glut
in weiter Ferne
untergeht.

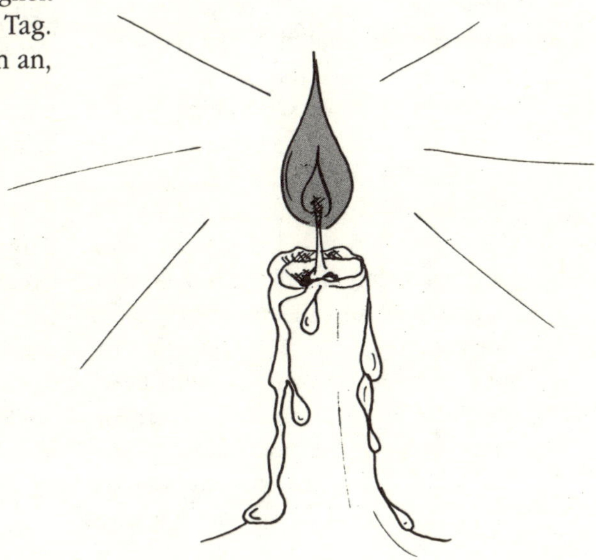

STERNE AM ABENDHIMMEL

☐ Wenn es dämmert, gehen wir mit allen Kindern hinaus, um den klaren Himmel zu beobachten. Welches Kind entdeckt den ersten Stern? In der Regel wird es der Polar- oder Nordstern sein. Und immer mehr Lichter erscheinen, wenn der Himmel sich zunehmend verdunkelt. Was wissen wir über Sterne, vielleicht kennen wir schon einige weitere beim Namen. Vielleicht schlagen wir in einem Buch nach, um uns zu vergewissern oder um neue Sternbilder kennenzulernen. Wir können auch Fantasienamen finden, etwa daß sich jedes Kind einen Stern aussucht, ihm einen Namen gibt, vielleicht sogar mit ihm spricht oder ihn erzählen läßt. Wie weit entfernt mag mein Stern von mir sein? Ist er ganz allein oder gehört er zu einer Ansammlung von Sternen? Kann ich ihn nur sehen oder sieht er mich oder zumindestens die Erde, auf der ich lebe?

☐ Weitaus mehr über kleine und große Lichter am Himmel können wir beim Besuch einer Sternwarte erfahren. Zur Vorbereitung mit den Kindern können vorher Fragen gesammelt werden, die dem Fachmann geschickt werden. So kann gewährleistet werden, daß die Kinder das in Erfahrung bringen können, was sie wissen wollen. Außerdem wird so eine mögliche entstehende Langeweile vermieden. Sicher wird dieser Besuch dann ein Erfolg, erst recht, wenn auch Gelegenheit dazu besteht, durch die großen Fernrohre zu schauen. Welche Entdeckungen können dort gemacht werden, wie beeindruckend ist diese Welt der Sterne und welche Gedanken werden dadurch bei den Kindern freigesetzt?

LEUCHTTURM

Ein besonderes Erlebnis in den Ferien oder an einem Wochenende ist eine Nachtwanderung, deren Ziel ein Leuchtturm ist. In der Regel ist ein Leuchtturm schon lange eingeschaltet, bevor es zu dämmern beginnt. Seine Reichweite ist ja so erheblich groß, daß sein Licht auch die Schiffe erreichen soll, die aus dem Dunkel kommen, also aus dem Westen, wo die Sonne untergeht.

Wir verabreden vorher mit den Kindern, daß möglichst wenig geredet wird. Taschenlampen haben zur Sicherheit nur zwei Begleitpersonen, die sich jeweils am Anfang und am Ende befinden. Die Wanderung beginnt an einem vorher festgelegten Punkt, der nur so weit vom Leuchtturm entfernt ist, daß auch die Kinder die Wegstrecke meistern, die nicht so gut bei Fuß sind. Es muß auch geklärt werden, ob es Einschränkungen oder Verbote für bestimmte Wege oder Landschaftsteile gibt, denn der Hinweg soll quer durchs Land führen. Während alle schweigend laufen, dient der Leuchtturm als Orientierungspunkt. Auch wenn wir uns hin und wieder in einem Dünental befinden, sehen wir über uns die Strahlen, die uns den Weg weisen. Am besten gehen wir in einer Schlangenlinie hintereinander her, damit keiner vom Weg abkommt und jedes Kind auch im Dunkeln noch Sichtkontakt zum Vordermann halten kann. Wer will kann für sich langsam zählen, wie lange es dauert, bis wieder ein Strahl vom Leuchtturm zu sehen ist. Möglicherweise ist die Nacht auch klar genug, um den Sternenhimmel betrachten zu können. Am Leuchtturm angekommen erwartet uns eine Kiste Limonade und für jedes Kind eine süße Überraschung. Gestärkt machen wir uns nun auf normalen Gehwegen auf nach Hause.

In Schlangenlinien gehen

FEUER

Ein offenes Feuer bei einem Wochenendausflug oder ein Kaminfeuer bildet für Kinder wie Erwachsene einen besonderen Anreiz. Schon das Sammeln von geeignetem Holz, das Aufschichten und das Anzünden sind – wenn alles in Ruhe geschieht – Momente, die etwas von einem Ritual an sich haben können. Die Vorbereitung allein kann schon der Beginn eines Feuer-Erlebnisses sein, das sich tief in die Erinnerung aller Beteiligten einprägt.

Wir überlegen gemeinsam, welche Bedeutung Feuer heute für uns hat, welche Faszination aber auch welcher Schrecken mit ihm verbunden sein kann. Welche Geschichten, Märchen oder anderen Texte fallen uns ein?

Hänsel und Gretel, Rumpelstilzchen, was noch mehr? Gibt es auch Lieder oder Gedichte, in denen es um Glut, Flammen und Feuer geht?

Welche Bilder entstehen, wenn wir uns darauf konzentrieren, in die Flammen zu schauen? Welche Farben können wir unterscheiden und wie wirken sie auf uns? Wie weit können wir uns dem Feuer nähern, ohne uns zu verbrennen? Wie schnell wird ein kleiner Zweig zu Glut und Asche, den wir in das brennende Feuer geworfen haben? Gemeinsam beobachten wir das Feuer, solange, bis nur noch Glut übrig bleibt, und hin und wieder noch einmal eine kleine Flamme aufflakkert.

Stein und Feuerstrahl

Der Stein war sehr verwundert, als er vom Feuerstrahl geschlagen wurde, und sagte: „Was bist du für ein gemeiner Kerl, mich so hart anzugreifen. Sicher hast du dich geirrt und schlägst den Falschen. Ich habe mich doch bisher immer mit jedem vertragen."

Aber der Feuerstrahl gab ihm ohne seine Schläge zu beenden zur Antwort: „Du mußt nur ein wenig Geduld haben, und du wirst sehen, was ich aus dir hervorbringen werde."

Auf diese Worte hin riß sich der Stein zusammen und ertrug alle Schmerzen, die ihm der Feuerstrahl zufügte. Und nach einiger Zeit sah er, wie aus ihm das Feuer geboren wurde, und schaute zu, wie sich die wundervolle Kraft des Feuers verbreitete und in unzähligen Dingen zu wirken begann.

Die Geschichte will beispielhaft zeigen:

Der Stein, das ist der Lernende. Zu Beginn steht er wie vor einem riesigen Berg und verzagt vor all dem Wissen, das er bewältigen soll. Dann aber nimmt er sich zusammen und tut mit viel Geduld und großem Fleiß seine schwere Arbeit. Mit dem Lernen aber gewinnt er große Kraft und kann mit seinen neuen Ideen und guten Gedanken andere anstecken.

Nach
Leonardo da Vinci

BEWEGUNG

Den Rhythmus aufnehmen

☐ Wir bilden eine Kette und gehen hintereinander her. Der oder die erste bestimmt Richtung und Schnelligkeit. Wir passen uns den jeweiligen Vorderleuten an, versuchen ihren Rhythmus genau aufzunehmen. Das alles geschieht in großer Ruhe, die sich nach und nach einstellt. Meint jemand an der Spitze, es sei für ihn genug, hebt er einen Arm, bleibt stehen und geht dann ans Ende der Reihe. Der oder die nächste macht weiter.

☐ Wir nehmen eine ruhige etwa 2 Minuten dauernde Musik hinzu. Jedes Kind erprobt Bewegungen mit dem Körper und den Armen, ohne sich vom Fleck zu rühren. Wie bei dem folgenden Vorschlag geht es auch hier darum, etwas für sich allein zu entwickeln, was die anderen tun, ist für den Augenblick lang unwichtig.

☐ Wir bewegen uns zu vorbereiteter Musik durch den etwas abgedunkelten Raum. Jedes Kind findet für sich Formen und Figuren, die seiner Meinung nach zur jeweiligen Melodie mit ihrer eigenen Rhythmik passen. Dabei bemühen wir uns, keinen anderen zu stören oder mit ihm in Berührung zu kommen. Zunächst wird eine Musikfolge ausgewählt, die etwa 4 bis 6 Minuten dauert.

Sind wir einigermaßen sicher geworden, probieren wir das Ganze zur gleichen Musik mit geschlossenen Augen. Dabei bewegen wir alle unsere Hände, Arme und Beine etwas vorsichtiger, um keinen anzurempeln.

Wenn die meisten auf mehr Lust haben, steigern wir bei späteren Wiederholungen die Zeitdauer auf bis allerhöchstens 12 Minuten. Das ist schon eine sehr lange Zeit, erfordert eine Menge Konzentration und ist für Kinder möglicherweise auch sehr anstrengend.

☐ Wir teilen uns in Gruppen von 3 oder 4 Kindern auf. Jede Gruppe wählt sich ein nicht all zu langes Musikstück aus. Möglicherweise fällt die Einigung nicht ganz leicht. Nachdem aber eine Entscheidung getroffen worden ist, teilen die Gruppen sich in verschiedene Räume auf, um jeder für sich einen kleinen Bewegungsablauf zur jeweiligen Musik zu entwickeln. Als Hilfestellung und Rat wird den Kindern mitgegeben, daß sie sofort Bewegungen ausprobieren ohne lange Vorbesprechungen. Als Zeitrahmen werden 15 Minuten gesetzt. Die Gruppen beginnen für sich, nach ein paar Minuten sollten die Verantwortlichen nachsehen, ob die Gruppen Unterstützung brauchen.
Sind nach der gesetzten Zeit, evtl. einige Minuten später, alle Gruppen fertig geworden, kommen alle wieder zusammen und stellen sich die Ergebnisse gegenseitig vor.

Bewegungsablauf zur Musik erfinden

☐ Während es beim vorhergehenden Vorschlag darum ging, sich von der Musik leiten zu lassen, können die Impulse aber auch von einer Geschichte oder sogar von einem Bild kommen. Auch dabei kann eine Musik, die zum Thema paßt, herangezogen werden. Es geht darum, eine solche Geschichte als pantomimischen Bewegungsablauf zu gestalten. Dabei werden alle Einfälle sowohl von Kindern als auch Erwachsenen zusammengetragen, aber ebenfalls wieder durch direktes Ausprobieren und im gemeinsam entwickelten Prozeß. Wichtig dabei ist, sich kleine Abschnitte der Reihe nach vorzunehmen, die Geschichte also Stückchen für Stückchen zu entfalten, damit man sich nicht an dem ganzen dicken Brocken verhebt.

Mit Leib und Seele

Es war einmal ein Gaukler, der tanzend von Ort zu Ort zog, bis er dieses Lebens müde war. Da trat er in ein Kloster ein. Aber das Leben der Mönche war ihm fremd. Als er sah, wie jedermann zu beten in der Lage war und im Chor die Messe sang, stand er beschämt dabei und sprach zu sich: „Was tu ich hier? Ich weiß nicht zu beten und bin der Kutte nicht wert, in die man mich kleidete.“ In seinem Gram flüchtete er in eine abgelegene Kapelle. „Wenn ich schon nicht mitbeten kann, so will ich doch tun, was ich kann.“ Rasch streifte er das Mönchsgewand ab und stand da in seinem bunten Röckchen, in dem er als Gaukler umhergezogen war. Und während vom hohen Chor die Psalmengesänge herüberwehen, beginnt er mit Leib und Seele zu tanzen. Mal geht er auf seinen Händen durch die Kapelle, mal überschlägt er sich in der Luft und springt die kühnsten Tänze, um Gott zu loben. Er tanzt ununterbrochen, bis es ihm den Atem verschlägt und die Glieder ihren Dienst versagen.

Ein Mönch hatte durch ein Fenster seine Tanzsprünge mitangesehen und heimlich den Abt geholt. Am anderen Tag ließ dieser den Bruder zu sich rufen. Der Arme erschrak zutiefst und glaubte, er solle des verpaßten Gebetes wegen gestraft werden. Er fiel vor dem Abt nieder und sprach: „Ich weiß, Herr, daß hier meines Bleibens nicht ist. So will ich in Geduld die Unrast der Straße wieder ertragen.“ Doch der Abt neigte sich vor ihm, küßte ihn und bat ihn, für ihn und alle Mönche bei Gott einzustehen: „In deinem Tanze hast du Gott mit Leib und Seele gerühmt. Uns aber möge er alle Worte verzeihen, die über die Lippen kommen, ohne daß unser Herz sie sendet.“

Nach einer
französischen Legende

KERZENTANZ

Für diesen aus Griechenland stammenden Tanz wird eine Musik im Dreivierteltakt benötigt, die etwas schneller als ein Walzer den Rhythmus Lang – Kurz – Kurz hat. Es wird in einem etwas abgedunkelten Raum getanzt, eine große Kerze steht in der Mitte der Tanzenden, die sich an den Händen halten. Möglich ist auch die Verschränkung hinter die linken und rechten Partner, wobei die Hände immer vom übernächsten Partner gehalten werden.

1 Linker Fuß mit Gewicht vor zur Kreismitte
2 Rechten Fuß leicht an den linken Fuß stellen und dazu mit beiden Knien kurz 2 x wippen
3 Rechter Fuß mit Gewicht wieder zurück
4 Linken Fuß leicht an den rechten Fuß stellen und wiederum kurz 2 x wippen
5 Rechter Fuß mit Gewicht nach rechts
6 Linken Fuß leicht an den rechten Fuß stellen und wieder wippen

LICHTERTANZ

Gebraucht wird eine ruhige, getragene Musik im Vierer-Takt. Sie kann klassisch aber auch rockig sein, kann Folklore, Pop oder Beat sein.

Zunächst werden die einfachen Grundschritte geprobt:

1 Rechter Fuß nach rechts in Tanzrichtung
2 Linker Fuß überkreuzt nach rechts in Tanzrichtung
3 Rechter Fuß nach rechts
4 Linker Fuß kurz vom Boden heben und aufsetzen.

Der Kreis bewegt sich insgesamt also immer ein kleines Stückchen weiter in Tanzrichtung. Beim Lichtertanz wird jeweils die rechte Hand auf die linke Schulter des rechten Nachbarn gelegt. In der linken Hand hält jedes Kind vor sich das Licht. Das Ganze kann variiert werden, indem statt im Kreis hintereinander getanzt wird. Hier liegt jeweils die rechte Hand auf der rechten Schulter des Vordermanns. In der Linken wird wieder das Licht getragen.

Teil 5

Ich habe nicht am Wasser gebaut

Wasser und Regen

Wasser als eines der wesentlichen Grundelemente und als Ursprungsstoff allen Lebens ist notwendig für alles Geschaffene. Keine Kreatur kann ohne Wasser auskommen, ja fast jede besteht zu einem Teil aus diesem Stoff.

Ohne Wasser verdursten wir, ohne Regen würden Wälder und Felder zur Wüste. Ob Eis, Schnee oder Regen, das Wasser in seinen unterschiedlichen Gestalten ist neben den anderen Elementen Hauptbestandteil des irdischen Kreislaufes. Wir alle sind von ihm abhängig.

Wir kennen aber auch hier die Kehrseite, die zerstörerische Gewalt, die das Wasser haben kann.

Sturmfluten und Überschwemmungen zeugen von diesen ungeheuren Kräften. Gewitter und Wolkenbrüche sind nach wie vor vielerorts mit Gefahren verbunden. Dennoch freuen wir uns nach langer Dürrezeit auf einen kräftigen Regen.

Kindern können wir erklären:

Es hat den Anschein, als gäbe es überall genügend Wasser. Wir brauchen nur den Wasserhahn zu öffnen und schon fließt das kühle Naß. Trotzdem gibt es Gegenden auf dieser Erde, in denen Menschen verdursten, weil es zu wenig Wasser gibt. Ohne Wasser würde kein Getreide wachsen, könnten Tiere ebenso nicht leben wie wir Menschen. Deshalb können wir dankbar sein und sollten daran denken, daß wir mit dem Wasser sorgsam umgehen und nicht zu viel verbrauchen.

Ich bin ein kleiner Fluß,
der Erde entquollen
voller Neugierde
auf das Leben,
auf alles, was kommt
auf meinem Weg.

Ich bin ein kleiner Fluß,
lebendig und spritzig
nehme ich meinen Lauf
in meinem Bett,
manchmal eingezwängt,
manchmal fließe ich über.

Ich bin ein kleiner Fluß,
winde mich durch das Land
in unzähligen Kurven,
mit großer Kraft
überwinde ich Hindernisse
und ziehe voran.

Ich bin ein kleiner Fluß,
der noch wachsen wird
zum gewaltigen Strom,
mit klarem Ziel,
bis ich dort anlange
im großen Meer.

REGENTROPFEN

Oft sitzen Kinder lange Zeit am Fenster, sehen hinaus, wenn es regnet. Regentropfen können faszinieren. Solche Möglichkeiten können wir mit allen Kindern an einem regnerischen Tag nutzen. Jedes Kind findet für sich allein einen Platz am Fenster.

Zunächst beobachten wir, was sich an der Fensterscheibe tut. Wir verfolgen die Bahn eines Tropfens. Wo beginnt sie, wie verläuft sie und wo ist sie beendet? Gibt es Hindernisse unterwegs oder läuft der Tropfen ganz gerade hinunter? Um noch dichter an die Scheibe zu kommen, pressen wir unsere Nasen dagegen und rutschen mit einem Tropfen auf seiner Bahn mit.

Was hat dieser Regentropfen wohl schon alles hinter sich auf seinem Weg aus den Wolken bis hier ans Fenster? Kann ich mir vorstellen, selbst solch ein kleiner Tropfen zu sein? Und was ist das für ein Gefühl, wenn es so viele Tausende von Tropfen gibt? Wo führt mein Weg weiter hin: Versickere ich einfach im Boden, im Sand oder platsche ich auf eine Straße, auf einen Regenschirm, einem Menschen auf den Kopf, auf die Haut? Möglicherweise lande ich auch in einer Pfütze oder in einem See und werde wieder Teil des Ganzen, des großen Wassers?

Wie hören sich Regentropfen am Fenster an, wie ganz anders, wenn sie auf den Balkon, aufs Dach oder ins Wasser fallen?

Welche Unterschiede kann ich feststellen zwischen einem leichten Regenschauer und einem gewaltigen Guß?

Was läßt sich sonst noch alles vom Regen erlauschen?

WASSERTROPFEN

Nicht mehr als ein Wassertropfen,
doch darin liegt alles:
Eine ganze Welt!
Durchsichtig, randvoll, feucht und lebendig,
eine schillernde Erdkugel für sich,
in der alle Farben aufleuchten,
in der sich die Umgebung spiegelt.

Ich höre die Regentropfen auf dem Dach,
zunächst verhalten werden es immer mehr,
prasseln auf die Ziegel,
rauschen durch die Regenrinne,
ein scheinbar endloser Fluß,
ein überflutender Regenguß.

Ich lausche dem Schlagen der Wellen,
dem Plätschern und Plantschen
an den Ufermauern,
dem Aufklatschen der Gischt,
die ewige Wiederholung,
alles im Fluß.

Wassertropfen,
die mich ruhig stimmen,
die Frieden spüren lassen,
die gut tun.

Nicht mehr als ein Wassertropfen,
doch darin liegt alles:
Eine ganze Welt!

WASSERZEICHEN

Wir machen einen Ausflug an einen See. Jedes Kind sucht sich einen Platz am Ufer, an dem es einige Zeit lang bleiben kann. Aber alle Kinder bleiben in Sichtweite. Wer will, kann Schuh und Strümpfe ausziehen und die Beine ins Wasser hängen lassen, wenn es warm genug ist. Andernfalls halten wir die Hände ins kühle Naß.

Wie fühlt sich das Wasser an, wenn ich es auf der Haut spüre, an den Fingern, an den Füßen? Mit einem Finger hole ich einen Tropfen und tupfe ihn auf meine Zunge, wie schmeckt das Wasser hier? Ist es genießbar oder schmeckt es faulig? Wie fühlt es sich an, wenn ich etwas Wasser zwischen Daumen und Zeigefinger zerreibe?

Welche Geräusche sind zu hören, die das Wasser erzeugt, wenn es ans Ufer schwappt? Was ist außerdem noch zu hören? Welche Töne erzeugen die Tiere und Insekten, die sich im Wasser oder rings um den See herum befinden? Wie hört es sich an, wenn ich mit dem Mund im Wasser spreche oder singe? Welche Figuren kann ich entdecken, die auf der Wasseroberfläche zu sehen sind? Wodurch werden kleine oder größere Wellen hervorgerufen? Was schwimmt alles auf dem Wasser und welche kleinen Tiere tummeln sich am oder auf dem

See? Was geschieht, wenn ich einen Stein ins Wasser werfe, wenn ich mit der Hand Wellen erzeuge? Welche Bewegungen entstehen auf dem Wasser, wenn in der Ferne ein Schiff oder Boot vorbeifährt, und wann erreichen diese Bewegungen mich?

WASSERSPIELE

Im Sommer nutzen wir die Gelegenheit, um das Wasser näher kennenzulernen. Jedes Kind hat eine Luftmatratze mit, legt sich mit Badehose oder -anzug darauf und paddelt auf den See heraus. Mit kleineren Kindern, die noch nicht schwimmen können, gehen wir in ein Freibad in das Nichtschwimmer-Becken.

Wir legen uns ruhig mit den Bäuchen auf die Luftmatratzen und lassen uns treiben. Zunächst sind die Augen geschlossen.

Wir spüren die Bewegungen, die durch die Wellen ausgelöst werden, das Auf und Ab. Wir merken, ob es kleinere oder größere Wellen sind, die auf die Luftmatratze treffen. Es ist schön, so dahinzutreiben, es beruhigt und entspannt.

Wenn wir das eine Zeit lang genossen haben, machen wir die Augen auf und schauen in das Wasser. Wir können sehen, wie es seine Farbe verändert, je nachdem ob der Himmel hell oder dunkel ist, die Sonne scheint oder Wolken vorüberziehen. Möglicherweise können wir kleine Wassertiere oder im See Fische entdecken. Was schwimmt noch alles da herum, können wir sogar bis auf den Grund sehen, und was ist dort zu entdecken? Wie verändert sich die Sicht, wenn wir vorsichtig mit dem Gesicht ins Wasser eintauchen und die Augen geöffnet halten?

Nach einer Weile drehen wir uns um, liegen auf dem Rücken. Es ist ein eigenartiges Gefühl, so dahin zu dümpeln und den Himmel zu betrachten, die Sonne oder den Wind auf der Haut zu spüren.

WASSER TEILEN

Im Hintergrund kann eine ruhige Musik erklingen; in der Mitte des Raumes befindet sich eine große Schale, die mit frischem Wasser gefüllt worden ist. Für jedes Kind steht ein leerer Becher bereit. Wir können uns zu diesem kleinen Ritual etwa zehn bis fünfzehn Minuten Zeit lassen.

☐ Zur Begrüßung schüttet eine(r) mit der rechten Hand aus einem gefüllten Krug einige Tropfen Wasser über die Hände jedes Kindes, während mit einer Schale in der linken Hand das abfließende Wasser aufgefangen wird.

☐ Nacheinander geht jedes Kind zur Wasserschale, nimmt einen Becher und schöpft so viel Wasser, wie es haben will, und geht wieder zu seinem Platz zurück. Wir warten so lange, bis alle mit Wasser versorgt sind.

☐ Wir gehen mit ruhigen Schritten durch den Raum und teilen Wasser. Von dem einen erhalte ich ein wenig, dem anderen gieße ich etwas in seinen Becher. Ich achte darauf, daß kein Tropfen verloren geht. Haben alle genug geteilt, gegeben und empfangen, stellt sich jedes Kind wieder an seinen Platz.

☐ Wir hören eine Geschichte oder einen Text zum Wasser und trinken dabei kleine Schlucke, wie viel, bestimmt jede(r) selbst. Wer noch etwas übrig hat, geht mit seinem Becher zur Schale in der Mitte und schüttet den Rest hinein. Schluß ist, wenn alle wieder an ihren Plätzen sind.

Die Quelle

Die nachfolgende Vorlese-Geschichte regt die Fantasie der Kinder an, kann möglicherweise zu Nachfragen führen oder zum gemeinsamen Gespräch animieren.

Eine große Trockenheit war über das Land gekommen. Zuerst war das Gras braun und grau geworden. Dann starben Büsche und kleinere Bäume. Kein Regen fiel, der Morgen erwachte ohne die Erfrischung des Taus. Die Tiere waren in großer Anzahl verdurstet, denn nur wenige hatten die Kraft gehabt, aus dieser Wüste zu fliehen.

Die Trockenheit dauerte an. Selbst die stärksten, ältesten Bäume, deren Wurzeln bis tief in die Erde reichten, verloren ihre Blätter. Brunnen und Flüsse, Quellen und Bäche trockneten aus. Eine einzige Blume war am Leben geblieben; denn eine ganz kleine Quelle gab noch ein paar Tropfen Wasser.

Doch die Quelle verzweifelte: „Alles vertrocknet und verdurstet und stirbt. Was hat es noch für einen Sinn, daß ich ein paar Tropfen aus der Erde hole und auf den Boden fallen lasse?"

Ein alter, ehemals kräftiger Baum stand in der Nähe. Er hörte die Klage und sagte zur Quelle: „Niemand erwartet von dir, die ganze Wüste zum Grünen zu bringen. Deine Aufgabe ist es, einer Blume Leben zu geben. Mehr nicht."

Ein afrikanisches Märchen

Die Eule und das Wasser

Geschichte

Nachdem Gott den Himmel, die Erde, das Meer und alles, was im Himmel, auf Erden und im Meere sich befindet, erschaffen hat, ist er zur Einsicht gekommen, daß die Menschen und alle Tiere der Erde, um leben zu können, Wasser brauchen.

Wohl war Wasser auf Erden, aber nur in den Meeren, und da diese entfernt gelegen und ihre Wasser gesalzen waren, so hatten die Menschen und Tiere davon keinen Nutzen und Genuß. Daher soll Gott beschlossen haben, alle Enden und Winkel der Erde mit süßem und trinkbarem Wasser zu beschenken.

Solch ein Wasser sollte auf Geheiß Gottes sich in Tälern, Ebenen, auf Bergen und in Gebirgen vorfinden, und Gott verpflichtete die Tiere der Erde, daß sie die Quellen aufdeckten, darum rief er alle Tiere zur Hilfeleistung herbei.

Auf Befehl Gottes sprangen im Nu alle Tiere der Erde und alle Bewohner der Lüfte herbei.

Während Gott die Arbeiten seiner Geschöpfe überwachte, ließ er seinen Blick auch zwischen den Vögeln schweifen, und er sah, daß die Eule fehlte. Sofort ließ Gott die Eule herbeirufen. Im Nu erschien dieselbe vor dem Schöpfer, und befragt, warum sie beim Aufdecken der Quellen nicht mithelfe, sagte sie: weil sie kein Quellwasser brauche.

Als Gott diese Worte der Eule hörte, womit dieselbe ihre Faulheit verdecken und bemänteln wollte, verfluchte er sie, daß sie in Ewigkeit kein Wasser weder aus den Quellen noch von der Erdoberfläche trinke.

Und seit jener Zeit trinkt die Eule weder Quellwasser noch aus irgendeiner auf der Erde befindlichen Pfütze, wenn sie auch verdursten sollte. Weil sie aber, so wie jedes andere lebende Wesen, um leben zu können, Wasser braucht, so schreit sie, von einem unsäglichen Durst gequält, während der Sommerdürre, wenn die Leute ihr Heu machen, und bittet Gott um Regen, damit sie von ihrer Durstnot erlöst werde.

Wenn nun jemand ihr verzweifeltes Schreien nach Regen hört, so sagt er: „Siehst, jetzt schreist du, warum hast du beim Aufdecken der Quellen nicht helfen wollen!"

Und wenn Gott in seiner Barmherzigkeit es regnen läßt, dann hebt die Eule ihren geöffneten Schnabel in die Höhe dem Himmel zu und fängt darin das Regenwasser gierig auf, oder sie trinkt es von ihrem Gefieder weg.

Sage aus
der Bukowina

Musikalische Reise

Wenn wir davon ausgehen, daß Musik eine Sprache ist, vergleichbar mit Worten, und daß Meditation dort beginnt, wo man über die Worte hinaussteigt, um dem zu begegnen, der spricht, dann geht es in der Musikmeditation um die Wirklichkeit hinter den Tönen. Sie zu erfassen, hat nichts mit Nachdenken zu tun, sondern eher mit Versunkensein, also jenem Zustand, in dem sich Kinder befinden, wenn sie ganz gefangen sind von ihrem Spiel. Sprache, Spiel, Musik, jedes ist eine Welt für sich, Musik ist eine ganz besondere, bei der es eine Menge zu entdecken gilt. Wenn wir mit Kindern musikalische Meditationsreisen machen wollen, sollten wir das wissen. Wir werden auch bei der Auswahl der Musikstücke sehr sorgfältig sein und hören uns die Stücke selber einige Male an, bevor wir sie den Kindern anbieten. Kriterium für die Auswahl ist vor allem, was wir selbst bei der Musik empfinden. Wenn sie uns selbst unlustig und niedergeschlagen macht, ist sie sicher unbrauchbar.

Möglicherweise bietet es sich auch einmal an, daß die Kinder eine Musik auswählen und mitbringen, – ihre eigene Lieblingsmelodie oder ein Lied, das sie im Moment gerade beschäftigt.

MUSIK ERKENNEN

So wie es uns allen mit manchen Melodien geht, manchmal bleiben einige Stücke davon hängen, gehen uns gar nicht mehr aus dem Kopf, tauchen plötzlich auf oder bleiben haften.

Mit den Kindern zusammen beschäftigen wir uns mit einem Musikstück, das nicht zu schnell und nicht zu lang ist, über einen längeren Zeitraum hinweg. Es sollte ein Stück sein, daß die Kinder mögen. Durch mehrmaliges Abspielen lernen wir „unser" Stück immer besser kennen, so lange, bis wir einige Melodieteile behalten können. Gemeinsam tragen wir zusammen, was wir behalten haben. Gleich ob wir singen, summen oder pfeifen – schlecht oder gut spielt keine Rolle, eine hat diesen, ein anderer jenen Teil behalten. Wichtig ist nur, einige Töne hintereinander zu wissen. So eignen wir uns miteinander immer mehr von dem ganzen Musikstück an.

Ein Musikstück immer besser kennenlernen

Weitere Entdeckungen

Wir entdecken, daß sich verschiedene Teile wiederholen bzw. Ausschnitte davon, die möglicherweise etwas anders weitergeführt werden. Diese einzelnen Motive und Themen durchziehen das gesamte Musikstück. Wir können sie numerieren oder ihnen Bilder zuordnen. Auf einer Wandtafel halten wir fest, in welcher Reihenfolge die einzelnen Motive und Themen auftauchen. So entsteht nach und nach vielleicht das ganze Musikstück an der Wand.

In einem weiteren Gang, wenn wir das ganze Stück schon fast mitsummen können, versuchen wir, die unterschiedlichen Stimmungen festzuhalten. Welche gibt es überhaupt, und überwiegt das Heitere oder das eher Betrübliche?

Jetzt werden wir das Stück mit Sicherheit wiedererkennen, wenn wir es später einmal hören.

MUSIK SPÜREN

Wir sitzen locker aber gerade auf unseren Stühlen, so daß der Körper reaktionsfähig ist. Die Kinder regen wir dazu an, darauf zu achten, wo sie etwas in ihrem Körper spüren: In der Magengrube oder im Hals, hinter den Augen oder am Kopf in der Schädeldecke. Zu achten ist auch auf die eigene Atemreaktion, muß jemand seufzen oder schlucken, tief aufatmen oder sogar gähnen. Ist das Musikstück zu Ende, kann jeder für sich entscheiden, wie die Musik auf ihn wirkt: Macht sie froh oder traurig, lebendig oder matt? Wichtig ist, sich mit den Kindern darüber auszutauschen.

Wie wirkt die Musik?

Teil 6

Ich bin ein unbeschriebenes Blatt

Baum und Holz

Nicht selten wird das menschliche Leben mit einem Baum verglichen. Wir kennen meistens unseren Stammbaum bis zu den Großeltern und noch weiter in die Vorgeschichte unserer Familien. In der Schöpfungsgeschichte ist vom Baum der Erkenntnis die Rede, in vielen Märchen und Geschichten spielen bestimmte Bäume eine wichtige Rolle, oft auch der Wald als eine Umgebung, in der wesentliche Erfahrungen gemacht werden. Viele Menschen haben zum Wald oder zu einzelnen Bäumen eine starke Beziehung.

Der Wald als Lebensspender mit seiner besonderen Bedeutung für die Umwandlung von Kohlendioxyd in Sauerstoff liefert uns gleichzeitig das lebensnotwendige Holz. Holz als Bau- oder Brennstoff, auch als Material für den Künstler oder Grundstoff für Papier ist unverzichtbar.

Kindern können wir erklären:

Bäume sind wichtig für uns Menschen wegen ihrer Früchte, ihren Blättern und Ästen, und weil sie uns Holz zum Brennen und Bauen liefern. Bäume spenden Schatten, man kann auf sie klettern, aber sie brauchen auch Pflege und Schutz. Einen Baum zu fällen oder Blätter abzureißen, das geht ganz schnell, aber bis ein Baum richtig groß ist, dauert es Jahre oder Jahrzehnte.

Ein unbeschriebenes Blatt
grün oder weiß
noch unverbraucht
offen für alles
und erwartungsvoll
für das, was kommt
für das, was wird
was wird aus ihm

Ein unbeschriebenes Blatt
groß oder klein
ist einfach da
für sich allein
mit vielen andern
weiß nicht, warum
weiß nicht, was kommt
was kommt ihm zu

Ein unbeschriebenes Blatt
kurz oder lang
ein Stück Papier
ein Teil vom Baum
ist hoffnungsfroh
auf das, was wird
auf das, was ist
was ist mit ihm

■ BÄUME

☐ Wir gehen in den Wald oder in einen Park. Jedes Kind sucht sich einen Baum aus, umarmt ihn und legt eine Wange an seinen Stamm. Mit geschlossenen Augen lauschen wir einen Moment lang. Was ist zu hören? Wir schnuppern, wie riecht unser Baum? Wie fühlt sich seine Borke an der Wange und wie an den Händen an? Wir bleiben in Ruhestellung und lassen unseren Gedanken freien Lauf. Was habe ich mit Bäumen schon erlebt, sind das gute oder weniger gute Erinnerungen? Welchen Lieblingsbaum habe ich und was fällt mir zu ihm ein? Wenn ich an einem Wunschbaum stände, welche drei Wünsche sollten in Erfüllung gehen? Und wenn der Baum Wünsche hätte, was wären das für welche?

☐ Wir suchen einen Kahlschlag im Wald, auf dem erst vor kurzer Zeit gefällt worden ist. In Gruppen von zwei oder drei Kindern setzen wir uns um einen Baumstumpf und zählen die Lebensringe, die dieser Baum aufweist. Wie gut sind sie zu sehen? Wie sind sie angeordnet? Wir vergleichen die Ringe des Baumes mit den Linien in unseren Händen, an unseren Daumen. Gibt es Ähnlichkeiten? Wir machen eine Fantasiereise und stellen uns vor, wir wären dieser Baum gewesen. Was haben wir alles erlebt? Wie haben wir uns in den verschiedenen Jahreszeiten gefühlt? Wie fühlen sich Wind, Sonne, Regen oder Schnee an? Wie ist es gewesen, als wir noch ein Keimling und später ein junger Baum waren? Welche Veränderungen um uns herum haben wir erfahren? Was ist aus den anderen Bäumen geworden? Wie hat sich die Landschaft verändert?

Fantasiereise

TRAUM-LOS

Bei dieser Fantasiereise durch einen Wald ist eine entspannte und ruhige Atmosphäre nötig. Eventuell ist es sinnvoll, zunächst eine der beiden unter dem Stichwort „Bäume" zu findenden Beispiele vorzuschalten, um einen Zugang zum Thema zu finden und die Kinder auf diese Fantasiereise und Ruhe einzustimmen.

Ich gehe durch einen Wald,
einen sehr dichten Wald.
Die Bäume stehen hoch über mir,
bilden mit ihren Kronen
ein dichtes Dach.
Hier unten ist es fast dunkel,
nur hin und wieder blitzt
ein Sonnenstrahl
zu mir herunter.
Ich laufe so lange, bis ich
eine Pause machen will.

Auf einer Lichtung mache ich Halt.
Die Sonne scheint warm
auf meinen Rücken,
und ich gehe auf eine Tanne zu.
Dort setze ich mich ins Gras
und lasse meinen Gedanken
freien Lauf.
Ein Gang durch den Wald,
was fällt mir dabei ein?
An was erinnert mich der Wald,
an was die Tanne über mir?

Aus meinen Gedanken heraus
höre ich eine Stimme.
Sie ist nicht sehr laut, aber klar
und deutlich zu hören.
Bevor ich verstehe,
was die Stimme sagt,
muß ich nachdenken,
woher ich sie kenne.
Sie kommt mir bekannt vor
und doch wieder nicht.
Ich hänge den Gedanken
und Gefühlen nach,
die diese Stimme bei mir auslöst.

Erst jetzt kann ich bewußt zuhören und verstehen. Die Stimme sagt:

Ich bin dein Traum-Los.
Laß mich auf dich wirken.
Nimm mich mit in deine Gedanken,
behandle mich bitte behutsam.
Du kannst mit mir träumen
und bestimmst selbst,
wie lange du träumen willst.
Laß dich von mir an verschiedene
Orte führen,
folge mir dorthin, wohin du willst.
Laß die Bilder kommen,
und was du siehst, ist gut.
Sieh genau hin.

Langsam komme ich zurück,
komme wieder zu mir,
finde zurück aus meinen Träumen,
zurück in diesen Raum,
zurück zu den anderen.
Was habe ich alles gesehen,
was konnte ich entdecken,
neu finden oder wieder erinnern?
Manches war zum Staunen,
mag sein,
es war auch Erschreckendes dabei,
Neues oder schon Bekanntes.
Alles, was ich gesehen habe,
steckt in mir,
klar oder verschwommen.
Ich kann es annehmen oder wegtun,
kann ablehnen oder zustimmen.
Das war oder ist mein Traum-Los.

BLÄTTER

Wir gehen durch den Park oder in den Wald. Jedes Kind sucht nach abgefallenen Blättern, sammelt diejenigen, die ihm gefallen, und kehrt mit einer Auswahl von maximal dreien zurück. Die Blätter liegen vor jedem Kind auf dem Tisch und werden abwechselnd in die Hände genommen. Dazu kann folgender Meditationstext gelesen werden:

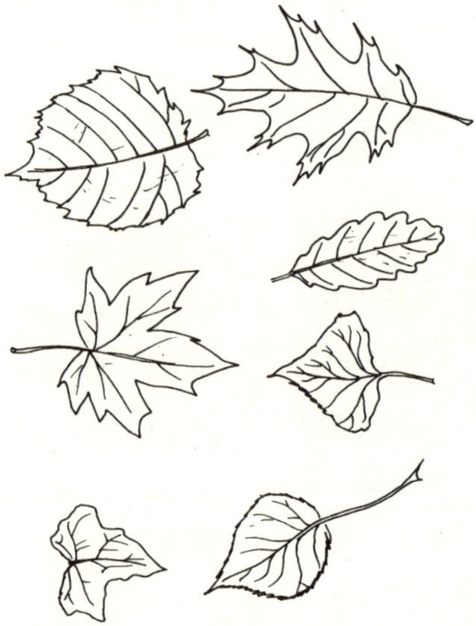

Ein Blatt

*Ein Blatt, ein kleines, ein großes,
ein Blatt vom Baum.
Der Baum hat viele Blätter.
Keines ist dem anderen gleich,
doch stammen alle vom gleichen Baum,
vom gleichen Stamm.
Sie haben alle einen Stammbaum.*

*Losgelöst
fallen die Blätter im Herbst;
jedes steht für sich;
jedes hat seine eigene Schönheit,
seine eigene Geschichte.*

*Du kannst die Linien fühlen,
die Adern des Blattes.
Probier es aus.
Nimm das Blatt in deine Hand,
entdecke die Adern, die Linien,
die Färbung, die Geschichte.
Das Blatt erzählt dir von sich,
erzählt dir seine Geschichte:*

*Ich bin ein kleines Blatt.
Am Anfang war ich noch kleiner,
ein unbeschriebenes Blatt,
ein junges Blatt, das seine
Verbindung zum Stamm hatte,
das aus dem Stamm,
aus dem Ast herauswuchs
bis zur jetzigen Größe.*

*Jetzt bin ich abgefallen,
habe mich vom Stamm gelöst,
treibe umher
von der Luft getragen,
habe mich treiben lassen.*

*Der Wind spielt mit mir.
Wo treibe ich hin,
wohin geht die Reise,
wo werde ich ankommen?*

*Jetzt bin ich bei dir,
in deiner Hand.
Du hast mich aufgelesen,
hältst mich fest, trägst mich.
Du hältst deine Hand über mich,
du bist für mich verantwortlich.
Ich bin dein Blatt.
Ich gehöre zu dir.*

*Du bist wie ich,
beschrieben oder unbeschrieben,
gelesen oder ungelesen.
Aber du weißt,
von wem du abstammst,
wo du herkommst.
Obwohl du losgelöst bist,
kennst du deine Wurzeln,
kannst dich erinnern
an die Zeit am Stamm,
am Baum.*

*Jetzt bist du allein,
du gehst durch die Welt,
vom Wind getrieben.
Wo treibst du hin,
wohin geht deine Reise,
wo wirst du ankommen?*

■ STUMMES WALDSPIEL

Jeweils zwei Kinder tun sich zusammen. Eines der beiden muß lesen können. Miteinander haben sie in einem vorbereiteten Waldstück, das nicht allzu groß sein sollte, verschiedene Stationen zu absolvieren. Die wichtigste Regel dabei ist, daß nicht gesprochen werden darf. Alle Verständigung, so weit sie überhaupt erforderlich ist, geschieht mittels Gesten und Gebärden. Jedes Paar erhält Papier und Stift. Allerdings soll mit dem Stift nur gemalt, nicht geschrieben werden. Dennoch werden alle Ergebnisse irgendwie festgehalten.

Die Erwachsenen – je nach Anzahl der Kinder sollten es mindestens drei sein – verteilen sich so im Gelände, daß es einen festen Ansprechpartner an einem vorher festgelegten und den Kindern bekannten Ort gibt. Die anderen sind ständig unterwegs, um den Kindern beizustehen, falls etwas passiert und wenn sie Fragen haben. Aber auch hier sollte nur im Ausnahmefall geredet werden. Die Stationen sind nummeriert, jedes Paar erhält einen Laufplan mit entsprechenden Ziffern, die unterschiedlich sind, damit nicht alle immer gleichzeitig an den Stationen eintreffen.
In unserem Beispiel geht es um acht Stationen, diese Anzahl ist aber je nach Bedarf mit eigenen Beispielen erweiterbar:

Station 1: ☐ Die Schutzhütte befindet sich am Hauptweg in der Nähe eines der größten Bäume im Wald. Helft einander beim Hochklettern bis zu der großen Astgabel. Von dort habt Ihr einen guten Rundblick.
Irgendwo blitzt in der Ferne etwas Silbernes. Ihr müßt nicht wissen, was das ist, aber laßt die Fantasie spielen, was es sein könnte. Malt ein bis zu drei Ideen auf.

Station 2: ☐ Am Wegweiser nach Hinterberg findet Ihr eine Kilometerzahl. Was könnte diese Zahl mit Euern beiden Geburtsdaten zu tun haben ? Kommt sie irgendwie vor?

☐ Sucht die große Lichtung. Dort ist irgendwo ein Tier abgebildet. Was würdet Ihr am liebsten tun, wenn Ihr dieses Tier sein könntet? *Station 3*

☐ Nah bei der Ruine gibt es eine Höhle, geht hinein und seid ein paar Minuten ganz still. Was ist zu hören? *Station 4*

☐ Auf der wilden Wiese neben dem Bach stehen viele Blumen. Stellt einen kleinen Strauß ganz unterschiedlicher Blumen und Gräser zusammen. *Station 5*

☐ Sucht die Quelle des Baches. Setzt Euch dorthin, steckt die Hände – wer will die Füße – ins Wasser und bleibt einige Zeit dort, um mit geschlossenen Augen zu lauschen. Am Grund der ersten paar Meter des Baches sind bunte Steine zu finden. Bringt jeder einen mit. *Station 6*

☐ In dem kleinen Tal am Waldrand Richtung Dorf findet Ihr zwei Bänke. Legt Euch darauf und schaut in Ruhe den Wolken zu. Welche Figuren fallen Euch ein? Malt einige hinterher auf. *Station 7*

☐ Auf dem Berg mitten im Wald findet Ihr die Reste einer Mauer. Drauf ist ein seltsames Zeichen zu sehen. Was könnte es sein? *Station 8*

TREIBHOLZ-BILDER

Gemeinsam gehen wir an das Ufer eines Flußes, Baches oder Sees und suchen Treibholz. Jedes Kind hat seinen eigenen Geschmack, eine persönliche Vorliebe und sammelt solche Hölzer, die (zu) ihm passen. Sind genügend Hölzer beisammen, können mit den Holzstücken kleine oder größere Bilder, Figuren, Landschaften oder auch Collagen in den Sand gelegt werden. Jedes Kind bestimmt sein eigenes Arbeitstempo. Wenn alle fertig sind, kann ein Rundgang von Bild zu Bild erfolgen. Jede(r) KünstlerIn erhält Gelegenheit, zum eigenen Bild etwas zu erklären.

Jedes Kind hat sein Tempo

Es ist ebenso möglich, die gesammelten Hölzer mitzunehmen und im Kindergarten oder zu Hause sein Bild fertigzustellen. Dabei empfiehlt es sich, die Hölzer auf ein Stück Pappe oder Sperrholz zu kleben oder zu nageln. Wer will, kann dort auch noch mit Farbe arbeiten.

TREIBHOLZ

Wer weiß,
woher es kommt,
wohin es geht,
was aus ihm wird:
ein kleines Treibholz –
Treibgut Leben.

Ein Holz,
du hältst es
in der Hand
und fühlst:
das Weiche
und das Harte,
die Kanten
und die glatten Stellen,
die Risse
und die Brüche.

Du spürst der Form nach:
die Länge und die Breite,
die Rundungen und die Spitze,
das dicke und das dünne Ende.

Du hältst das Holz
in deiner Hand
und fühlst und spürst
ein kleines Treibholz –
Treibgut Leben.

Ein Holz vom Baum,
ein kleines Stück von dem,
der einst lebendig war,
der wuchs,
gedieh und größer wurde,
ein Zweig, der brach,
ein Stück, das fiel
und irgendwie
ins Wasser kam.
Das Wasser nahm es mit
und trug es
in die Ferne,
weit weg hinaus.

Ein Holz vom Baum
trieb immer weiter
zu einem unbekannten Ziel;
es ging nicht unter,
trieb dahin.

Ein Holz vom Baum
getrieben und getragen
ist angelangt
in deiner Hand
und hat dir viel zu sagen.
Du hältst das Holz
in deiner Hand,
ein kleines Treibholz –
Treibgut Leben.

Müllers Rotbuche

Du kennst ihn vielleicht auch, diesen alten knorrigen Baum, an dem du jeden Tag vorbeigehst. Er ist dir inzwischen so bekannt und vertraut, daß du ihn kaum noch beachtest. Mag sein, du siehst ihn mit ganz anderen Augen, wenn du seine Geschichte erfährst. Stell dir vor, dieser Baum wurde vor vielen Jahren gepflanzt, als unser Ort noch gar kein richtiger Ort war. Damals lebte nur eine einzige Familie hier, das war die Familie Müller. Und das waren sie auch: Müller. Der Mann, die Frau, fünf Kinder, ein Knecht, eine Magd, zwei Pferde, ein Hund, ein Hahn und viele Hühner. Als das jüngste Kind ein Jahr alt wurde und Vater Müller die Familie zu einem gewissen Wohlstand geführt hatte, da meinte er zu seiner Frau: „So, Elsbeth, weil unsere Kleine heute Geburtstag hat und weil es der liebe Gott so gut mit uns meint, werde ich als ein Zeichen des Dankes diese Rotbuche einpflanzen."

So war das, und dann wuchs die Buche über mehrere Jahrzehnte lang. Vater Müller war längst gestorben, die Familie auseinander, nur die kleine Maria war geblieben, selbst nun schon Uroma geworden. Die Rotbuche am Ufer des Baches war ungeheuer groß geworden und überragte das Wohnhaus der Müllers, die jetzt anders hießen.

Mit der Rotbuche gewachsen aber war auch der Flecken, auf dem damals nur das Wohnhaus und die beiden Hütten der Müllers gestanden hatten. Inzwischen war daraus eine große Stadt geworden. Die Buche hatte den Wandel gut überstanden, breitete ihre Äste weit aus und war – wie sollte es anders sein – der höchste Baum in der Stadt. Ja sie hat unserer Stadt sogar ihren Namen gegeben. Jetzt weißt du also, warum sie Buchholz heißt.

TRAUMBAUM

Jedes Kind malt auf ein Din A3 großes Blatt einen Baum mit Wurzeln und vielen Blättern an den Ästen. Eventuell kann auch vorher ein Baum vorgezeichnet und für alle Kinder auf hellgrünes Papier kopiert werden.

Es geht darum, sich den eigenen Traumbaum auszumalen. Was sind meine Wurzeln, worauf möchte ich wurzeln? Was ist wichtig für meinen Stamm und die Äste? Und vor allem: Was wünsche ich mir für Blätter, welche Träume und Hoffnungen gehören dort hinein? Die Kinder können in Ruhe ihren Traumbaum fertigmalen, wer will kann auch Worte hineinschreiben. Der fertige Traumbaum kann als Plakat an die Wand gehängt werden.

KASTANIE

Wir ziehen im Herbst mit den Kindern in den Garten, in den Wald, dorthin, wo es Kastanienbäume gibt, oder wir bitten jedes Kind, eine Kastanie zu suchen und mitzubringen.

In einer Sitzrunde wollen wir etwas mehr über die im Wald gesammelten oder mitgebrachten Kastanien in Erfahrung bringen. Jedes Kind hält seine Kastanie in Händen, schließt die Augen und beginnt damit, durch Tasten und Befühlen seine Kastanie kennenzulernen. Wie ist die Oberfläche beschaffen, wie fühlt es sich an, wenn man darüberstreicht? Welche Form hat diese Kastanie, gibt es Vertiefungen oder Erhebungen? Welche Besonderheiten sind zu entdecken? Vielleicht ist die Kastanie beschädigt vom Herunterfallen, aufgeplatzt oder angeschrammt. Kann ich blind die Stelle herausfinden, wo die Kastanie am Fruchtfleisch angewachsen gewesen ist? Wie hart ist meine Kastanie, und gibt es auch weichere Stellen, die ich mit meinen Fingern eindrücken kann?

Seine Kastanie kennenlernen

Nun öffnen alle die Augen und sehen sich die Kastanien genau an. Gibt es etwas an der Form, das ich durch Tasten und Fühlen nicht herausfinden konnte? Jetzt erst kann ich auch die Farbe und die unterschiedlichen Schattierungen erkennen. Wie finde ich meine Kastanie, ist sie schön oder einfach nur eine von vielen? Was sage ich zu ihr, könnte ich ihr einen Namen geben?

Folgende Fortsetzungen sind denkbar:

Je zwei Kinder tauschen die Kastanien und versuchen, die Unterschiede in Form und Aussehen herauszufinden, wiederum zunächst mit geschlossenen, später mit offenen Augen.

Die Kastanien werden in einer großen Schüssel gemischt und anschließend auf den Boden geschüttet. Kann jedes Kind seine Kastanie wiederfinden?

…ihe

3–7

Bereits erschienen

Alle Bände broschiert mit 96 Seiten und vielen Abbildungen

Maja Hasenbeck
So wunderschön wie heute
Geburtstage und Namenstage feiern
ISBN 3-7664-9299-3

Katharina Schenk
Lieber Gott, wo bist denn du?
Mit Kindern Glauben lernen
ISBN 3-7664-9296–9

Achim Schenk
Auch kleine Leute haben's schwer
Ängste und Fremdheit spielerisch überwinden
ISBN 3-7664-9293-4

Kerstin Etscher
Gottes Welt ist schön
Kinder erfahren die Natur
ISBN 3-7664-9290-x

Regina Grabbet / Heike Baum
Naß, aber pudelwohl
Wasserspiele mit kleinen Kindern
ISBN 3-7664-9288-8

Eckart Bücken
Bei uns spielt die Musik
Klangspiele und Spiellieder
ISBN 3-7664-9283-7

Gabriela Falkenberg
Gefühl bis in die Fingerspitzen
Körpererfahrung in Kindergruppen
ISBN 3-7664-9281-0

Maja Hasenbeck
In die Augen, in den Sinn
Wahrnehmung in Kindergruppen
ISBN 3-7664-9286-1

Heike Müller
Da fällt was für uns ab
Was man mit „Müll" machen kann
ISBN 3-7664-9278-0

Wolfgang Bort
Komm zu unserem Kinderfest
Ideen, Vorschläge und Anregungen zum Festefeiern
ISBN 3-7664-9227-6

Regina Grabbet
Laufen, Toben, Springen… Loben
Bewegungsspiele in Kindergruppen
ISBN 3-7664-9236-5

Helmut Dachale / Doris Bleckmann
Manege frei, wir sind dabei
Zirkusspiele für kleine Leute
ISBN 3-7664-9249-7

Wolfgang Bort
Elternarbeit leichter machen
Wie man Eltern aktiviert
ISBN 3-7664-9276-4

Daniela Feix-Mag
Komm, wir finden einen Wortschatz
Sprach- und Sprechspiele in Kindergruppen
ISBN 3-7664-9305-1

Burckhardthaus-Laetare Verlag Offenbach/M.